在最好的年华
做最酷的事

孙绍瑞 / 著

中国青年出版社

陈春花

北京大学国家发展研究院教授、
原新希望集团联席董事长

创业不是一件容易的事情，虽然每一个创业者取得成功的路径和方式不同，但是有一点相同，那就是——去做。绍瑞把他创业路上的心得与大家分享，从遭遇到的"坑"以及如何"爬坑"的视角，告诉大家一个真理：办法总比问题多。所以，去做即可。

俞敏洪

新东方创始人、
洪泰基金联合创始人

只要走上创业这条路，你每天都会面对各种困难、各种机遇，以及各种危险。在这样的过程中，人的能力会不断锻炼出来，智慧会不断生长起来。在这本书中，我们可以感受到一个年轻人智慧的不断成长，境界的不断提升。可以说，创业是一种人生修炼。

林正刚

原思科大中华区总裁、
刚逸领导力 CEO

不论你是否打算创业，都推荐你好好看看这本书，这是老孙在创业路上经历的九九八十一难，更是一个年轻人在波涛激荡的商海中坚韧成长的记录。对于现在的年轻人，很有借鉴意义。

行动派琦琦

行动派创始人

老孙是我人生道路上的一位榜样，在两年时间里，他从无到有创造了 24 亿的估值，并且时时刻刻正心正念，是创业圈的一股清流。老孙的这本书，不仅仅是为你量身定做的创业指导手册，更是一本实用性超强的人生指南，推荐阅读！

李响

著名主持人

老孙在创业的各方面都有一套独特的思路和方法，跟着他读懂这个大众创业的时代。

序一

罗康瑞

　　前不久，本书的作者 ——校园"轻生活"掌门人、O2O 服务平台"俺来也"的 CEO 孙绍瑞先生希望我为他即将出版的书《在最好的年华做最酷的事》作序。在此书出版之际，绍瑞已经在他的创业路上走了近十二年。他的创业故事让我有一股亲切之感，并从心底为这位年轻的企业家感到骄傲。

　　绍瑞的起步和我差不多，也是在父母的帮助下踏上创业之路的，从君惠消费打折卡，到梵谋文化传媒，再到如今的"俺来也"，每一次的转型和创新，都是一次次的自我重塑、资源整合和自我提升。他在创业的过程中不断地成长，不断地完善，不断地突破自己，追求更高的境界。

　　《在最好的年华做最酷的事》这本书，从表面看是描述了绍瑞创业十多年的经历，实际上是一个人在创业路上艰辛拼搏、持之以恒、百折不挠为实现自己的梦想而勇于奋斗的故事。希望这本书能够激励更多的年轻人为实现自己的梦想去开创属于自己的事业。

这是一本写给每一位已经创业和想要创业者的书。我是一个过来人，很高兴为他写了这段开场白。

罗康瑞：全国政协委员，香港贸发局局长，
瑞安集团董事局主席（本书作者孙绍瑞的创业导师）
2017 年 4 月 8 日

序二

何国栋

已步入耄耋之年的我，不免老眼昏花，不但很少看微信，也怯于看书作文，偶有嘱我写点文章什么的，只好婉言谢绝。

可是日前绍瑞要我为他即将出版的新书写序，我开始有些为难，但还是接下这个不大不小的课题，毕竟我俩是忘年之交。多年来，我是看着他从一个刚毕业的大学生逐步成长为一名青年企业家的。

他是个名副其实的"大学生老板"，年轻、聪明，富有创新意识，善于经营又不失儒雅之气。

还在读大一时，绍瑞就与几位学长合伙开了一家专门经营消费打折卡的公司，不久便由于种种原因搁置了。大三那年，他自主创立了上海梵谋文化传媒有限公司，在国内首次提出了"高校传媒"的概念，以搭建大学生与社会的桥梁、促进大学文化与社会文化接壤为企业的宗旨。

在其苦心经营下，梵谋文化传媒发展迅速，先后在北京、上海、广州等地开设了分公司，目前已覆盖全国一千多所学校，几千家学校餐厅，累计平面媒体总数达到 5 万块，成为目前中国最大的学校平面媒体运营商。

这位年仅 32 岁的"大学生老板"，年纪不大却已满身光环：2007 年被评为"中国青年创业成功案例 50 强"；2008 年荣获上海青年创业先锋奖；2009 年荣获中国时代十大创新企业荣誉称号；2010 年被美国《中经评论》评为"2010 年最值得期待的十大传媒人物"；2011 年被选为上海市崇明县政协委员……

有人不免疑问，绍瑞作为 80 后的大学生，为何能够如此快速创业成功？是否有什么背景呢？其实，他是 2003 年从大庆考入华东理工大学的，在上海人地两生，更谈不上有什么背景。他之所以能够成功，正如他自己所说的，靠的就是"勤奋＋执着＋社会责任感"。

在梵谋文化传媒的董事长办公室里，挂着"天道酬勤"的横幅，这四个字正是绍瑞的座右铭，这对他来说真的太重要了。

绍瑞在读大一时初涉商场，不久便以失败告终，在公司分家产时他只要了那张人生中第一张办公桌。当他背着桌子返回学校时，遭到了一些同学的嘲笑。但他没有气馁，更没有一蹶不振，而是认真总结经验教训，决心在跌倒的地方爬起来再前进。

他执着，他坚信，未来就在前方。

绍瑞在创业过程中，有一件事让他久久难以忘怀——当初他和同学合开的公司经营学生消费打折卡（君惠卡）。这是一张可以在上海十所重点高校周边和内部600多家店铺使用的通用打折卡。在当时，综合打折消费卡的概念还不够普及，要说服店铺加盟君惠卡非常困难。绍瑞他们穿着西装、顶着烈日，一家一家跑，清早出去深夜归来，被访店铺今天不行，那就明天再去，明天不行，后天还要去。有一次，他在第四次拜访一家川菜馆时，被心烦的老板和暴躁的厨师一起架着扔了出去，可是他并不死心，过两天又上门去了。这第五次的拜访终于感动了老板，答应在合同上签字。

梵谋传媒创立伊始，绍瑞便致力于先做公益性大学生励志项目，组织有关人员赶排大型励志话剧《谭嗣同》。当时我曾不无担心地问他："你现在资金不多，排演话剧亏了怎么办？"

"不要紧的。"他胸有成竹地答道，"拉来的赞助费基本可以打平，即使亏一点也可以设法弥补，毕竟活跃校园文化才是我办企业的初衷，赚钱的事可以慢慢来。"

听到这番话，我感慨良多。可不是吗！放眼当今社会，有多少人在金钱、利益面前迷失了方向，尽管也有不少企业打着发展文化的牌子，但在实际行动中往往还是把金钱放在第一位，像绍瑞这样负有社会责任感的商人真是少之又少。

绍瑞搞校园文化不是为了装点门面，而是实实在在为了丰富大学生的业余生活，让文化的精髓能够更好地融入大学生的精神世界。

他带领团队先后成功排演了话剧《谭嗣同》《孙思邈》，前者获得了上海市文化发展基金会的奖励；他还曾连续八届举办"DBA·梵谋杯"上海市大学生篮球精英赛；2011年开始，他筹办了每年一届的上海市大学生原创音乐大赛。

在创立梵谋文化传媒之初，绍瑞就有一个目标：要打造中国最大的高校传媒机构。

今天，他做到了。

近几年来，绍瑞为了寻求公司的转型，在融资方面屡遭挫折，但他始终没有停下奋斗、探索的脚步，终于带领团队在2014年成功创立"俺来也"，一个绝对领先的大学生O2O平台。

从此，绍瑞带领团队开始了疯狂的西游创业之旅。等待他们的，必将是一个更加辉煌的未来。

何国栋：知名文化学者，《二十世纪名人书法大全》主编

第一部分

事业 or 玩笑

当玩笑成为现实，

当嘴角上扬逐渐化为目光坚定，

我在不安和沉静中意识到，

"创业"将成为我未来多年的

现实人生归宿

……

第二部分

这是一个
残酷的
旅程

虽然多年后看之前创业

遇到的各种伤各种痛已成为一笑而过的故事，

但身处事件之中的状态，

仍然会让我回忆起那种压抑、恐惧、伤心

以及令人窒息的空气

……

第三部分

一路
上的
天使

最近几年一直喜欢听"逃跑计划"的

那首《夜空中最亮的星》，

仰望星空，是一望无际的黑暗，

但只要你不低头，凝视夜空，

就会看到一眨一眨的繁星，

那是天使

……

第四部分

创业，
那些你不需要
再走的弯路

爱因斯坦说，

所有的物质形态实际上都是由"精神意识"决定的。

"相信"本身就是一种力量，

这不是迷信，

而是一种心理暗示。

我能、你可以、一定会……

多么美妙的世界！

第五部分

世界
这么大，
我想去看看

人们都愿意用标签把自己匡死，

所谓的"专业"也仅仅不过是在某个领域多待了些时日。

我喜欢跨界，我喜欢 SAY "NO"！

这个世界多么精彩，为什么不去试试，不去走走，

不去挑战未知领域的权威？

活着就要精彩

波涛海上

孙绍瑞

看见天晴，
看见黑暗，
看见海潮中的自己。
我跟着心的旋律执着前行，
我没有双桨却已在航行，
所有回忆顺着海风，
汇成一尊红色的结。

听见海鸥，
听见阴霾，
听见风浪中的自己。
我踏着梦的节拍微笑前行，
我站在甲板与君携手前行，
所有情感浸着海浪，
映成一抹浓烈的霞。

这旅程就像奇迹，

好似上天在指引，

波涛中航行，

却也不再恐惧。

因为梦我行于海，

因为爱而我存在，

迎面海风吹来，

消逝心中尘埃。

就算前方暴雨袭来，

就算没有阳光灿烂，

波涛海上澎湃，

心空仍旧蔚蓝。

 老孙为自己 30 岁生日
创作的歌曲填词并演唱

扫描左侧二维码
即可收听歌曲

第一部分

事业
or
玩笑

当玩笑成为现实，
当嘴角上扬逐渐化为目光坚定，
我在不安和沉静中意识到，
"创业"将成为我未来多年的
现实人生归宿
……

第一章

创业是一所最好的
社会大学和实战商学院

大学一年级，我的第一次创业

这是本书的开篇第一章。

距离我 2004 年大一时第一次加入大学生创业团队，已有 12 年之久。

很庆幸我仍然在创业道路上拼搏，成为一名名副其实的创业者，把人生最好的青春年华都用在了"创业折腾"这件事上。结果暂且放在一旁，单是这一路上的风景，我想就真的很值得。

以现在的心境回忆往昔，也许，现在记得的事才是经过时间沉淀，最愿意呈现也是最想说出来的吧。来吧，朋友们，跟着我回到那个青涩的年代……

大庆油田。

2003 年，我顺利考上了华东理工大学。与其说顺利考上了大学，倒不如说顺利来到上海。高考填志愿时，重点本科、一般本科甚至专科我都报了上海的学校。朦胧之中，我觉得那是一个可以实现和施展个人抱负的拼搏之地。

我从小在一个北方重工业城市——大庆油田长大，那里是先有企业后有政府机构，拥有中国最大的国有企业——大庆石油管理局。我们从小接受的是铁人精神的创业教育，王进喜"宁可少活二十年，拼命也要拿下大油田"的精神一直感染着我和所有油田的建设者。

在我小时候的生长环境里，做生意的人社会地位不高，甚至会被油田职工不齿，认为他们是个体户，是靠大庆油田吃饭的纯商人。那时，只有商人之说，并没有企业家的概念。

老孙创业的第一个项目"君惠卡"
实物设计稿。

从左至右:"君惠卡"项目
创始人、董事长葛武威,老孙。

　　我从小生活的环境是很讲社会阶层和道德原则的,年轻人想在这个城市发展成为领导,能力是一方面,更多的还要靠资历和苦熬,说不定熬了一辈子也仅熬成一个科级干部。生活很安逸,但是梦想的彼岸却渐行渐远。我不想过这样的生活,所以我做出了人生中第一个重大选择,在上海起步我的梦想……

　　大学生活实在精彩,让我这个活跃分子有充分的空间展示一段十分难忘的大一学生经历。

　　我没有加入学生会,我不太喜欢学生会制度阶层的拘束感。当时学生会的活动,我都是积极参加的,在篮球、音乐、辩论等比赛中获得了不错的成绩,在学校里小有名气。也正是这个缘故,所以被同学院的几名学长看中,让我参与一个大学生创业的项目。

　　记得那是一个夏天的晚上,我被约到了华东理工大学(以下简称"华理")附近一个叫作"阳光绿园"的小区，进门就是一个被改造成公司的房间，简单的陈设，几张标语被贴在墙上。接待我的是这家创业公司的"董事长"，一名华理大三的学长：葛武威。

见到他的第一印象是："眼前这个人不就是现实版的'句号'吗？"他和我说了自己的创业想法，提出了"君惠卡"项目的运营模式：它是一张学生消费打折卡，盈利来自两方面，一是招募学校周边店铺加盟君惠卡联盟，每家收取 200 元加盟费，二是卡以 20 元一张的价格卖给学生。

当时，葛武威和其他三位创始人希望以发展员工的方式让我加入公司，去招募加盟商，向学生销售君惠卡，他们的目标是在暑假期间招募 300 家商户。

在 2004 年，"创业"这个词还不是很流行，只有"开公司"的概念，大学生与创业更是八竿子打不着。葛武威向我描绘的这幅蓝图，是那么新鲜，"开公司"三个字刺激着我的神经。当时我的脑海就浮现出许文强叱咤上海滩的画面：气势恢宏的外滩，烟雾和喧嚣一起升腾，许文强抽着烟，举手投足间蕴藏着他一生的拼搏奋斗，波澜壮阔。

另一方面，初入大学的我实在太过挥霍，一个学期就花光了父母打给我的三年生活费。我不想再这么颓废下去。

"开公司，像许文强一样在上海闯出一片天地，实现自我的价值"，这太有劲了，这就是我想要的人生！

"我的收益是什么？"

"每谈成一个加盟商，赚到 20% 提成。"

我在心里合计：一个商户提成 20%，也就是 40 块钱。如果谈成 100 家就是 4000 块，谈成 20 家也有 800 块，挺好的。毕竟在当年的经济大环境下，大多数学生一个月的生活费才 400 块。

虽然心里装着成为许文强的豪情壮志，但那时给我最直接诱惑的，是一单 40 块钱的提成。于是，在 18 岁这个青葱年纪，我成了这家名叫上海永磐贸易有限公司中年龄最小的一名员工。

6 月，我们开始招募商户了。公司 12 个人，都是华理校友，我们两两一组，先从华理周边店铺入手。我的组长是一名大二的学长，这哥们儿是上海人，长得又高又帅。和他一起去谈商家，我们往往可以避过外地营业员这一关，直接和老板对谈。

作为华理的学生，他有一种自带光环的优越感，跟别人谈判时一副盛气凌人的架势（也让很多老板感到不爽）。可这哥们儿跟人谈判的话术和商业逻辑真的很牛，我当时觉得：哇，太酷了！然后把他当作我学习的榜样。但他有一个让我无法忍受的缺点：特别懒。公司规定早上 8 点去谈判，他经常约我 10 点去店铺。后来我便不等他了，自己一个人去谈。

第一次单独行动，我去的是一家服装店。敲门的时候非常紧张，进去后我就四处地看衣服，各式各样的服装起码看了有十分钟。后来店员过来问我要买什么,天知道我的心思根本不在买东西上。最后,我鼓足勇气问:"你们老板在吗……"

一个初出茅庐的小伙子,因为青涩的谈判技巧,我连老板都没见到就被赶了出来。

这真是一场毫无疑问的失败谈判,但无论如何,我克服了自己的胆怯,勇敢地迈出了第一步。因为,在胆怯者面前,机会的大门总是紧闭的。对于一个创业者来说,如果第一步你连跟陌生人交谈的勇气都没有,又何谈创业呢?

接下来的谈判,我遇到了另一个极大的困难:很多商户老板都是上海人,而我根本听不懂上海话。前20天,我跟他们交流时采取的策略是:先阐述清楚自己要说的内容,然后根据对方的表情来判断他们是否对这个合作感兴趣,别人笑着说我便笑着答。

这鸡同鸭讲的对话,令人深感无奈,又啼笑皆非。

令人沮丧的是,前20天我一家都没有谈成。每天晚上六点公司开总结会都有人谈成单子,当时我的心理压力非常大。于是,每天晚上开会结束后,我会继续去找商户谈。

从朝阳初升到夜色沉沉,我一家一家地跑,今天不行明天再去,明天不行后天还要去。大量的沟通之后,我竟也能大概地听懂上海话了,也渐渐有了签约商户。

在我谈成的商户中,印象最深刻的是一家川菜馆。我连续去了三次，老板娘已经非常不耐烦，第三次的时候她对我说："你下次要是再来，我一定把你赶走。"

当我第四次去的时候，老板娘见到我的一刹那就使了个眼神，随后从后边出来两个彪悍的厨师。他们一左一右把我架了出来，直接从露台上就给扔了出去。我沿着抛物线方向落在地面上，身体顿时传来火辣辣的疼痛之感，身上腿上全都出血了。

我痛苦地爬起来，更大的痛苦蔓延进心里。我一个大学生创业，怎么遭到如此恶劣的对待？

之后的几天路过这里，我都是绕着走，害怕他们再次伤害我。

也许是东北人骨子里的坚韧，后来我决定再去试一下：如果这个店我没有把它拿下，以后也很难。作为东北人，总不能被这种暴力胁迫吧。

第五次，我忐忑地走进去，戏剧性的一幕发生了。老板娘看到我先是愣了一下，然后默默地从抽屉里拿出一个章和我的合同，眼睛看着我，手落下把章盖好，最后把合同一扬，说："来，合同拿走吧。"

"哎？你怎么就盖章了？"我也愣住了。

"那天把你扔出去，我心里挺内疚的。我当时就在想：小伙子，你如果还敢来，我就跟你合作。没想到最后你还真来了，加油干。"

也许很多人会觉得我很傻，但时至今日，我都没有觉得那件事做错了，我还是觉得它是有价值的。正如马云所说："生活是公平的，哪怕吃了很多苦，只要你坚持下去，一定会有收获，即使最后失败了，你也获得了别人不具备的经历。"

也正是因为这件事，当我们的项目从华理覆盖到上海市十所重点大学的周边店铺时，我被委以重任，先后成为华东师范大学和上海财经大学的项目组长。

那个夏日的阳光，明媚得招摇，亦如我们飞扬的青春。一些美好的、有趣的、黯然的往事，清晰地印刻在我的记忆里，一辈子难以忘记。

开拓华师大市场，我是跟几个伙伴从华理骑着自行车过去的，炙热中偶有微风吹过，一路说笑，心情畅然。

我们没有地方住，便借住在华师大一个好朋友的宿舍里。华师大的男生宿舍，两个宿舍共用一个空间。可我们五个人有三男两女，每天晚上，三个男生就通过各种办法转移宿舍门口守门大爷的视线，让两个女生溜进去。那时候的宿舍还没有空调，晚上大家都睡在阳台上，望着满天星星一起聊天。

近20天的时间里，五个人一直混住着，建立了非常深厚的友情。白天我们一起出去谈判，基本上将华师大后街枣阳路上大大小小的门店都"招安"为君惠卡的加盟商户。

后来转战上海财经大学，我成了独立组长，原本的几个兄弟变成了手下。人生中第一次升职，身份的变化，让我产生了一种心理上的膨胀，没有足够的团队意识，也因此发生了一件让我十分遗憾的事情。

当时我们团队跟一个商户发生了争执，组员们站在公司的角度考虑问题，我以一个组长的身份来平衡这件事，把几个组员说了一顿。大家感到非常气愤，都觉得孙绍瑞现在怎么这样，为什么要站在外人的角度，还帮别人说话？两个女孩一气之下离开了团队，此后三年，我们都没有在一起沟通过。

这件事也给我极大的警示，我在思考：团队为什么跟着你？

我的回答是：作为一个领导，应该和内部员工一致对外，一定要帮员工承担他们不该承担的东西，要帮他们出头，而不是向外妥协，让你的团队没有成就感可言。

从此之后，这么多年，不管是对外还是对团队来说，我一直都是一个有担当的人，有什么事情自己去扛。

话题转回来，我们整个团队在"坚持不懈"精神的支持下，三个月内辗转了大半个上海，住遍了十个学校的寝室阳台，最终超额完成任务：招募了600家加盟商户。

整个夏天就这样"热热闹闹"地过去了。

2004 年 9 月，开学，公司的危机悄然来临：创立公司的几位学长面临大四即将毕业，他们在"创业当小老板"和"到大企业做白领"中徘徊，筹集的 20 万元也已经快花完了。

也就是在这个时候，我真真正正地步入了创业殿堂。

公司的四位创始人，除了葛武威，另外三个人中，有富二代要回家子承父业，有人要去世界 500 强做白领，有人要留校当老师拿上海户口，总之，大家都不想再往里追加投资了。然后他们做出一个决定，希望引入我作为另外一名股东，而我也希望把这个事业继续做下去。

打电话跟父亲商量后，父亲借了我几万元作为入股资金。19 岁，我正儿八经地开始创业了，成为上海永磐贸易有限公司年龄最小的股东。用现在的话来说，父亲就是我的天使投资人啊。

成为股东之后，我的具体职位是市场推广部经理，任务是把君惠卡销售出去。

我在每个大学都组织起了一个君惠卡的推广团队，挨个宿舍去地推。

在此过程中，我认识了很多大学的校团委书记和校学生会主席，但他们都不知道我其实也是一名大学生，因为我一直穿着西服、打着领带装成熟，所以他们只知道我是永磐贸易有限公司的市场推广部经理。

很不幸的是，我的入股并没有改变公司每况愈下的状态。除了资金短缺，公司还面临着管理不到位、专业度不高、客服压力大、商业模式落后等诸多问题。

从商业模式上来说：

第一，当时的我们缺乏互联网思维，对自己的产品非常在意、非常珍惜，觉得这张卡是个商品，不可能免费送。而20元一张卡，对于当时每月只有400元生活费的学生来说，并不便宜。

第二，君惠卡不是实名制的，一个班级只要有一个人买了，全班都可以通用。

第三，600个商家，分配到每个校区也就是四五十家。这种情况下，学生消费的范围是有限的，华理的学生不可能拿着这张卡到复旦或华师大去消费。

第四，我们从六月份开始启动谈判，九月份开始面向学生推广君惠卡，三个月的间隔时间，有些商家都忘了这事了。尤其是像真维斯这样的连锁店铺，上面的领导知道，下面的营业员可能已经换了好几批了，根本不知道有这个卡，当学生拿着卡去消费的时候又不能打折，腼腆的学生只好把卡收起来不用了。

团队管理上：因为团队员工都是学生，九月开学后，团队就从一个最优秀的全职团队变成了一个虽然优秀但兼职的团队，项目马上就陷入了没人管的状态。公司五个创始人中，有三个都忙自己的事去了。

权力分配上： 我们完全依据公司法理论性地对五个人的股权进行分配，根本没有一个能拍板的主心骨，大小事都要开董事会决定，买个传真机要开董事会，买个办公桌要开董事会……

最后， 我们的销售推广业绩非常惨淡，全上海市只卖出了2000张卡，但我们的库存是5万张。对于商户来说，平均到每个商户也仅仅是3张卡的会员，根本没有起到很好的引流作用。如此负面循环，项目是越做越差。

很快，我入股的几万元也花光了，公司又不盈利，大家讨论是继续创业还是拆伙去做另外的事情。2004年年底，一场非常激烈的董事会召开了，我和葛武威坚持继续创业，另外两个人要坚决放弃，还有一个中间派。最重要的是，董事长葛武威没有决定权，而是由中间那个左右派决定，他往左我们就成功了，他往右我们就失败了。在激烈的冲击下，他选择了放弃。

这样的结局让我面临一个很沮丧的状态：钱花完了，什么都没得到，而我用的员工都是同班同学和学弟学妹，公司失败了，在他们面前我是很low的。

绝望、愤怒攒聚成一股庞大的力量，猛然迸发，我拍着桌子对他们怒吼："你们没有骨气，一个创业者怎么能这样，如果你们想退出的话，那我明天就把钱拿过来给你们，你们卷铺盖走人。"

"好，绍瑞，你一言九鼎，你如果拿钱过来，我们明天马上走。"

钱？去哪里找钱？

我只好再次向家里开口。

当我打电话跟父亲说了整个事情的原委后，被父亲严厉地骂了一通，父亲认为我太冲动了。

那晚的寒风，特别的刺骨。挂掉电话，我呆呆地望着空渺的夜色，痛苦、无助占据了整个心田，我看到梦想遗失在无尽的黑暗里。

第二天，我通过葛武威请大家吃饭。饭桌上，他们刁难我："哎，绍瑞，你不是说今天给我们钱，让我们卷铺盖走人吗？钱呢？"

"各位，实在不好意思，我确实没钱，昨天是我太冲动了。"我赔礼道歉。

分家产时，公司账上已经没有现金了，有人拿了传真机，有人拿了挡板或其他一些固定资产。我只要了自己坐的办公桌，因为，那是我人生第一张办公桌，那是我的一亩三分田，那里有一幕幕拼搏奋斗的记忆。

离开公司的一刹那，我回头望了望曾经奋斗过的办公室，怔怔地和保安说："我会回来的。"

灰头土脸地回到寝室，同学们有嘲笑的、不解的、安慰的，"你看这哥们儿出去创业，傻呵呵地又回来了""你看你这西服现在没用处了吧"……各种声音像蜜蜂一样在耳边嗡嗡嗡。

沉沦、失落，将我的一腔热情淹没。三个月时间，我不出门，也不上课，一个人闷在寝室里看各种各样的书籍，希望从中寻求慰藉和希望。我仍记得，当我读到《他改变了中国》（讲述江泽民在国家命运中的个人历程，在危难时期如何坚持、抉择）这本书时，受到非常大的触动。

这是一场短暂的英雄梦想，当我回望时，那失败的痛苦早已化作宝贵的经验。

我学到了书本永远无法教会我们的东西，体会到了合伙人制度、股权分配、公司文化、创始人团队、职业经理人、团队建设、商业模式、市场判断等一切关于创办公司至关重要的因素和能力。这些，如果你不曾经历，你永远无法触及。

后来的营销课论文，人家都是抄的，分析的都是有五六万营销预算的大企业如何做营销，但我就写了一篇《论经济型品牌营销》的论文，以君惠卡项目作为案例，分析这种没有一分钱市场营销费用的创业型公司怎么用 4P、6P 理论做市场推广。

结果，我的这篇论文被营销学老师评了 A＋＋，并专门给了我 90 分钟两堂大课的时间，面对好几个专业的学生，做了一堂PPT 的课程。

更有趣的事是：若干年后，华理商学院管理科学与工程系有一门课叫项目管理，是知名教授蒋景楠的课程。他在期末考试的前一天把我叫到办公室，让我出了一个以梵谋传媒（2005年我再次创业的公司）为案例的项目管理论述题。

当卷子发下去的时候，全班集体哗然，因为那时候，我已经被誉为大学生创业典范，大家都知道我的梵谋传媒了。而最后50分的论述题，就是原封不动用的我出的这道论述题。

直到现在为止，华理管理科学与工程系的项目管理专业课考试，还都是用的这道题。百度上，好多学弟学妹都在问：梵谋文化传媒项目管理有标准答案吗？

所以，你看，创业是一所多么好的社会大学和实战商学院。

现在很多人都在讨论"大学生创业好与不好"的话题，经历过十多年创业的沉浮起落，我仍然觉得创业是我四年大学生活中最精彩的经历。我们在传统商学院学的管理、营销理论，都只是停留在背概念的阶段。当有了实战之后，再返回去看这些理论，你会觉得：哇，太有用了！

创业并不是以能挣多少钱和成功与否来论英雄的，这个创业实体所赋予你的梦想，教会你的坚持，以及商业思考、沟通能力、组织能力和心态的锻炼，是一笔多么大的财富。

所以，18岁到20岁，如果你有时间的话，一定要进入商业的实践或者社会实践，它可能是你在专业课之外的一个课外辅导课，也可能是你重要的一个创业起点，你对这个世界的认识将不再浅薄，你将触摸到生活不一样的模样。

创业要趁早，创业要实战，创业是一所最好的社会大学和实战商学院。

第二章

一起创业过的友谊，
是一种更高维的感情

大学创业的那些年，那些事

那是起步于 2005 年 4 月的故事，彼时的我还是一名大二下学期的在校学生。在经历了上一家和学长合伙创业的公司"君惠卡"项目结束后，有些许沮丧的我一直沉寂在宿舍读各种书籍，烦躁，找不到方向。

冥冥中创业的命运就降临到了我的头上，那天居然接到了做君惠卡时服务过的客户：真维斯服饰市场部经理的电话。

"你们君惠卡项目虽然不做了，但是你们还有高校人脉资源。我们公司正在策划执行一个服装设计大赛，上海赛区的活动策划执行，你们团队有兴趣来参与提案比稿吗？"

服装设计大赛？比稿？活动策划？上海赛区？

我的脑袋里装满了一大堆问号，要知道，再怎么说那时我也只是一名大二学生。对一个学工程的本科生来说，这一切都是很陌生的。

尽管脑子里闪现了无数个问号，但我还是看到了希望和大把的钞票在向我招手。

"好的，黄经理，我觉得我们团队可以，我们来您这儿面谈一次。"原本躺在宿舍床上的我，立刻起身回复道。这一个电话让我十分兴奋，要知道在那个年代，真维斯服饰的名气是很大的，就如同现在的优衣库给学生的感觉一样。

一个人换了几通公交车，从华理梅陇校区颠簸到遥远的金沙江路 2000 多号（那个时候上海的地铁仅修到 3 号线）。和黄经理谈过项目后，得知本次活动连我们一共三家公司和团队 PK 比稿，当然，其他两家都是专业的广告公司或公关公司，我们则是菜鸟中的菜鸟，我却胸有成竹地留下一句话："这个项目比稿，我们赢定了！"然后穿着带垫肩的宽体西服和盖式黑皮鞋，潇洒离去。

策划案？提案？比稿？报价？这些我通通没做过……

回到宿舍，思考客户的需求，抓住项目本质的诉求，从宣传、校企合作、路演答疑、指导教师专题讲座、专业院校约稿、奖金奖品、实习就业出口等我认为的项目关键节点入手，结合商业诉求和校园文化诉求的平衡点，做了全方位深入的梳理。

这是我人生中第一份完整的独立策划方案……

很不好意思地说，这也是客户看过的唯一一份用 Word 做的策划方案。

但是，不管怎样，现在回想起来，我自己对这份方案的评价是：真诚、务实、可落地、深入、有系统、有结论、性价比高。

约定去客户提案的那天，我想我总不能自己一个人去吧，得拉一个壮丁。于是，寻觅一番，我的视线就盯在了同宿舍的上海帅哥沈一峰身上。这个人是土生土长的上海人，准确地说是内环以内苏州河以南的上海人，有一种纯种上海人发自骨子里的傲气，鼻孔朝上，带着秒杀一切的神情。大学入学第一天，一峰的爸爸、妈妈、爷爷、奶奶都快把我们宿舍挤炸了，看着刚打完篮球的我赤身在洗手间洗衣服，一峰的奶奶发话了："侬看看人家小年轻，多勤快……侬是哪里人啊？"

我心里想："哇，好一个娇生惯养的上海娃！"

话题转回来，我看一峰形象好，那个年代，上海家庭控制孩子零花钱，一峰每月家里只给 400 元生活费，完全不够开销。

我那天发话了："一峰，我最近做一个项目，你愿不愿意加入？"

"侬又做项目了？上次君惠卡又死灰复燃了？"一峰一脸不屑。

"别提君惠卡了，和你说认真的，真维斯服饰的一个项目，做好了很赚钱的！你要不要加入？加入的话，我一个月给你1000元！"

"1000元？一个月？真的假的？坑蒙拐骗偷啊？"

"别废话，来不来？"

"我需要做什么？"

"不需要干啥，短期之内，先搞套西服，穿得正式点，帅一点，和我一起去提案！"

"行啊……"

至此，我大学独立创业时代的第一个创业战友：沈一峰，闪亮登场了。

两个穿着正式的年轻人，参加了人生第一次也是最为重要的一次商业提案和比稿。在紧张而又自信的情绪中，我们赢得了这个项目的承办权，一张足足接近十万元的活动咨询业务订单。

我和一峰既兴奋又困扰，因为订单成功拿下，接下来就是具体落地执行的工作了。

我们在一起开会，再度分工，把我在君惠卡时期积累的各校资源拿出来盘点，一一联络，再把这个商业活动成功转化为一个服装系大学生的课外实践活动，拿给各个大学有相关专业的老师和辅导员看，层层突破。

就这样，我和一峰走遍了上海的二十几个本科院校，找到了各校的执行合作伙伴、宣传团队、指导老师。租赁场地、布置讲座会场，甚至和几个学校的专业老师达成合作，把这次设计大赛作为学生的专业课外实习作业布置下去。

真可谓尽心尽责，亲力亲为，做到了极致。

要知道，在那个时代教育部有明文规定，商业元素是不能进入到高校领域的。但我们这个活动不单做进了很多校园，还做到了商业和校园文化的完美结合，最后收到了客户和学校的双向好评。

在一峰的陪伴下，我的第一个商业项目成功了！Amazing and perfect！

记得拿到真维斯公司的现金支票时，我还因为不知道如何支票入账而往返学校和真维斯财务部，再加上勉强愿意接受我们的农村信用合作社，往返三回之多，想想真是醉了。

一个项目下来，把君惠卡项目的亏损全部赚回来了。我如约给一峰发了工资和奖金，他很开心。那晚，我提议一起去见识见识上海酒吧的魅力。

酒吧在哪儿？我们良民二位，还真无从得知，话说那会儿还没有大众点评。于是，TAXI前往著名的淮海路，看路牌走进了当时香港广场上的一家酒吧。

两个少年，白T-shirt牛仔裤，一人一瓶啤酒，傻傻地在酒吧角落坐了下来。不去跳舞、不挪动，就是拿着酒瓶傻傻地看。后来来了两个女生，意思是可否让我们请她们喝一杯，我们点头同意，给她们每人点了瓶啤酒。女孩和我们聊着聊着，觉得就俩傻帽儿，太无聊了，后来就消失了……

后来我提议："一峰，太吵，走吧……"

淮海路，夜色间，我们走在繁华都市，互相嘲笑着吹嘘着刚才那两个女孩是看到谁才坐过来的，互相推搡，第一次庆功的记忆定格在青春的霓虹立交下……

真维斯这一仗一炮走红，我们在校园活动营销圈子里名声大噪，各路高大上的品牌商相继寻来，一时间商机无限。

我突然看到了封闭的高校渠道和社会商业之间有多么强大的链接需求，我们生活的高校，这是一个从未有过商业开发的处女地啊！

至此，我决定不再犹豫，正式走向独自创业的道路。于是，通过一则报纸中缝的广告信息，我花了1200元，用当时郊区经济城流行的代验资方式注册了一家资本金50万的传媒公司，那就是日后伴随我十余年奋斗青春的"梵谋文化传媒"。

公司成立了，业务逐渐多起来了，我和一峰忙得不可开交，当然，也赚得盆满钵满的。原来都穿回力运动鞋，这回都鸟枪换炮，改耐克阿迪了，生活上的富裕让同班同学们觉得既神秘又羡慕。

于是，隔壁寝室的封少伟同学（老封）坐不住了，这个家伙家境一般，高考复读好不容易考取我们学校。老封因为从小经历太过沧桑，所以看上去比实际年龄大好多，也闹出了新生入学时被同班同学叫成"老师"的笑话。

老封考到了上海，发誓毕业以后赚大钱，给父母买房，让自己和未来的家庭生活在富裕的环境中。从大二开始，他的口头禅就是"CRV、CRV"，梦想自己有一天拥有一辆本田CRV。

带着这个梦想，老封从大一开始就到处折腾到处兼职，当然也跟着我干过一阵君惠卡，只不过当时加盟的是客服部，干的都是脏活累活，也没赚到钱。有一次他还背着我和他们部门学长一起去给人家培训机构贴糨糊海报，刷了整整一周的糨糊啊，对方才承诺给50元，最后还让人给骗了。花了一个月到处要工钱，那个糟心的年代啊……

老封一听到赚钱，就干劲十足，在我们认可后，立刻加入了梵谋创业团队。我们班级几个从大一时就一直要好的同学，听到

梵谋文化传媒成立之初合影，办公室设在华东理工大学附近凌云新村一间一室一厅的居民房，从左至右：沈一峰，孟可丰，满雅楠，老孙，张默，封少伟。

梵谋成立的消息，也纷纷表示加盟意愿。于是，本班的美女学霸、一等奖奖学金第一名、逻辑思维能力超强的满雅楠，和同为黑龙江老乡的知性才女张默都加盟进来。

至此，梵谋文化传媒，由我领衔的华理商学院工管 030 班级四大恶魔才子加盟的五大创业班子搭建完成了。

在华理边上的凌云新村小区，一间一室一厅的居民房，我们布置一新，购置了唯一一台组装的台式电脑，公司正式开业了！

我给四位合伙人每人提供了一份干股协议，约定大家每个人以人力资源作为股本，每人享有公司 5% 的干股分红权，人在干股在，人不在干股自动解除。

在靠近客厅窗台的大桌子上，白纸黑字，手印盖章，契约完成！

一杯红酒下肚，我宣布："梵谋文化传媒正式成立！"

"咔嚓！"一张年轻的大学生创业团队合影定格在那一年的暑假……

公司正式成立了，大家分工明确，我任总经理，主抓业务招商和全面运营；封少伟任市场部经理，主抓业务接洽和跟进；沈一峰任渠道经理，主抓校园渠道的沟通联络管理；满雅楠任策划经理兼总经理助理，主抓策划方案和公司策略；张默任设计经理，主抓文案和全面设计工作。另有几个会计系和工管系的同学加盟，负责财务、IT 和其他一些执行类的工作。

我们几个在上海无亲无故，没有一点资源，这次创业，尤其我本人，都是和家里完全没有打招呼的，业务来源完全靠自己。

那个时候，我们两两一组，被分配到高档商务 CBD 区域，看到高档的商务楼区就进去，为防止楼下保安驱赶，我们需要快速记忆意向客户的所在楼层，然后上去直接趾高气扬地面对公司前台，大声说道："你好，我们是上海市高校学生联盟的（自己瞎编的一个名头），想找你们老板谈合作。"

就是这样连哄带骗，我们见到了一大批大客户的主管、负责人或老板，积累了一大批客户。现在回头想想，那种敢打敢拼的创业精神真是不得了，简直令人难以置信。

为了公司更好地运转，我和封少伟先后搬出了宿舍，住进了公司。我住在卧室，有我的一张床和一个办公台，老封住在隔壁的办公大厅，白天是团队坐的沙发，晚上放倒就是一个沙发床，他的家。

在那个拼搏的年代，大家有说有笑，做生意、写方案、做执行，遇到老师点名，赶忙驾一辆红色大功率电瓶车（那个年代学生买得起电动车都是很少见的）赶往教室应付点名。不能忘记大家挤在卧室里，看着中央二套播放的马云创业的纪录片，目不转睛地盯着狂人马云一次次的创业呐喊，看完后跟打了鸡血一样激动难耐。

到了期末考试，我们创业团队的独家备考复习团就被我们这帮人给彪悍地抢劫过来，我的待遇最优厚，助理满雅楠原本就是学霸，近水楼台先复习。然后还觉得不够，哥几个就再把男生中的学霸黄烽（话说，黄烽同学已于2015年加盟我的新公司"俺来也"，一同走向创业的道路，人生真奇妙）接到公司来，给我们单独补习。

凭着 60 分万岁的理念，还有得益于我们班永久垫底争夺后五名排名的学渣伙伴们，我们每次都得以侥幸通过。

就这样，快乐的一年很快就要过去了，老封的红沙发也被睡成了黑沙发。

一个个难忘的项目，让我们在青春岁月里得以磨炼和成长，不能忘记和大伙儿在地铁口冒雨义卖《南方周末》报纸；不能忘记承接"百年唱片巨星演唱会"时上海高校宣传和销售总代理的辛酸，老封数票款数到眼花；不能忘记创业团队参加创业大赛获得冠军的喜悦；不能忘记团队一家人周末在公司做菜小酌……

那是一个艰苦的创业学习旅程，却是最简单、最快乐、最难忘的年轻岁月。

20 岁，一帮人，同学，上海滩，创业，靠自己，要是你，你不觉得难忘吗？

转眼间，时间到了 2006 年，梵谋的创始团队已经进入到大三下学期的学习生活，大家的状态已不像往日那般惬意轻松，对于未来人生的思考也被提上了日程。

大三到大四的过渡，是大学生创业团队最难熬过的坎。在之前君惠卡时期，我们的五人创始团队就是在四位大三学长这个时期面临的抉择中宣告失败的，这也奠定了为何我创立梵谋时坚持要自己一家独大，因为我知道，创业起步，尤其到了关键的时候，真的是创始人一个人的事。

那段时间公司的业务很繁忙，我却渐渐感到了团队成员们的激情慢慢淡了下来，会议经常请假，工作也不像之前那么有热情。渐渐地，我独自一人在租住的凌云新村办公室的时候越来越多了，老封经常以踢球洗澡为由重返宿舍过夜，大家似乎都有默契，与我拉开点距离。

我嗅到了一丝不祥的预感。

一天夜里，我去华理的球场找老封和一峰，希望他们回公司商量事情，再陪我一起住在公司。他们给予了我冷漠的拒绝。

离别的时间到了，只不过比我想象的来得更快更残酷一些。那一天，四位合伙人宣布同时离开梵谋，在那个抉择未来人生的十字路口，我想他们的选择是对的。

满雅楠和张默选择继续深造，考研究生，要准备复习，封少伟准备开启正规职场道路，沈一峰当时被家里安排好去一家央企工作。年轻的创业团队在梦想和现实的两难中，终归选择了现实。但也许，那根本就不是他们的梦想，而只是我一个人的。或者说，大学生创业，创业实践或许更靠谱更有吸引力，谁会真正愿意把未来交付给自己的同班同学呢？

那是我独立创业最艰难的日子……孤独、寂寞，有希望，又迷茫……

一下子，一个温馨、活泼、朝阳的创业团队，拆落成夕阳下的残枝。

面对繁杂的业务和分崩离析的团队，我焦急烦躁，最后，几个同系的学弟站在了我的身旁，大柴和小马（我是他们的直系学长，又是他们的寝室督导员，这两个孩子上大学第一天起就被我拉去创业，先后参与了君惠卡项目和梵谋的项目）两个学弟放弃了几门学科的期末考试，用挂科的方式支援我，让我顺利完成了在南京大学的 SONY 大活动。这是很关键的一场心理和业务的过渡期，"小伙子，好样的"！

时间来到大三的暑假，我退租了凌云新村，在心里骂了句："都 TM 滚蛋吧！老子自己干起来！"那一年暑假，我搬进了稍微高大上一点的校区"幽兰苑"，招募了人生中第一批社会化职业经理人团队，共 11 人，年龄最大的 1976 年生，最小的 1982 年生（我叫她小尹，彼时小尹还刚毕业没有结婚，一转眼，十个春夏秋冬，小尹一路相随，现在已然成为梵谋集团总裁助理的高管身份了），从此踏上了独自创业的新征程。

同学们的离开对我打击很大，当时大家的感情达到历史最低谷，我怨恨他们弃我而走，他们情绪复杂，在拭目以待。只记得当我得知老封居然把简历投到了梵谋的老客户真维斯黄经理处时，我和他大吵了一架，并发誓和他永远断交。

此后一年，我买断了上海高校的广告位，事业发展来到了新的平台，一直在校外创业，大四一年鲜少回学校，大家联络甚少。

阳光六月，转眼间到了毕业的日子，彼时的梵谋文化正值春风得意之时，我也被上海市和学校誉为全国大学生创业典型，四处演讲，好不风光。

我是开着自己的崭新别克君越第一代豪华车回学校参加毕业典礼的（那会儿简直是不可思议的事情），大草坪的毕业照，你和我，我和你，大家抛起学士帽，美好的大学生涯从此一去不复返了。

一峰、张默、雅楠和我，默契地彼此拍照、留影，没有更多的语言，都在静静的照片和微笑中凝结着岁月的沉淀。

老封凝重地朝我走来，"绍瑞，毕业了，大家同学一场，别往心里去了！合个影吧！"

我微笑，合影！

合影后，老封眼中泛起了泪光，"sorry（他总是叫我sorry），咱们永远好兄弟，好不好？"

我微笑不语……

"永远好兄弟，好不好？好不好！"老封歇斯底里地喊着。

我看着他，一把握住了他伸出的手："永远好兄弟！"

一场青春的欢聚，从此各奔东西……

毕业那一年，雅楠如愿以偿保送了天津大学研究生，张默考取了同济大学研究生，封少伟去了一家韩国化工企业，过起了白领生活，一峰在父母安排下进入了央企华东机场管理局。我则意气风发地走在独自创业的路上，彼时正在全国开疆拓土，感受大学生创业典范的荣耀光环……

毕业后大家少有联系，逐渐适应了各自的新生活，有了新的圈子新的朋友。

大家虽不曾见面，却都刻意打听或留意对方的信息，关心着对方的发展，我的创业进展也牵动着大伙的神经。

那天，我的手机短信提醒，是张默的信息："sorry，太让我感动了，我都流泪了，希望你继续努力，梵谋最棒，sorry 最棒！加油！"

我看后很莫名其妙，马上回了电话过去："张默，怎么了？怎么突然给我发了这个消息？"

"sorry，你挺好的吧？梵谋也发展得不错吧？"

"还行啊，你怎么了？"

"今天好感慨啊！我们放寒假回到哈尔滨，今天去我爸爸工作的大学找他，中午在学校食堂吃饭的时候，发现立柱上有广告位镜框。你知道我喜欢设计，就走过去看看，广告位镜框的右下角刻着'梵谋文化'四个字，我瞬间惊呆了，眼泪一下子就下来了！sorry，你太牛了！大学时代的梦想，没想到你居然都把它落地到哈尔滨了！让我联想起好多咱们大学时候的事，一下子很伤感……没事了，sorry，你加油创业！我小感慨一下就好了……加油啊！"

听着她略微哽咽而慌乱的叙述，我没有说话，我知道，让她感动的是那份"坚持"的力量。

时间进入2008年，彼时的经济危机给我的创业带来了巨大的困扰，我和公司的状态处于巨大危机之中（具体情况在后面章节会专门提及），自己也像热锅上的蚂蚁，颓势难转。现金流遇到巨大障碍，团队再度面临分崩瓦解的风险。那个雨夜，我在万般无奈下，拨通了我自己都觉得可笑的电话，对象是：老封。

"少伟，最近咋样？"

"sorry，好久不见了，你咋给我电话了？梵谋还好吧？你现在牛大了！"

"少伟，情况不太好，最近公司内外出了很大的危机，我这边手头现金流很紧张，你可以给我周转一些吗？"我当时真不知道是怎么挤出这句话的，问老封借钱？估计当时我是被逼到走投无路了……

"sorry，怎么会这样？我和我女朋友租房子刚付了租金，没多少余款，不过你说说，你需要多少？"

"一万吧。"那时我简直一穷二白，说这话的时候心里没想着老封会借。

"好，一万没问题，什么时候要？"

"越快越好！"

"那我现在去取，你来拿？我家在……"

"好！"

雨夜，老封家楼下，没有任何外包装的、热乎乎的一万元，从老封的手里递给了我。

那一刻，我知道，这不是一万块钱，而是一份伙伴的热腾腾的心。

"sorry，最近不顺，要不就别住在普陀了（我那时已经在普陀区买了房子），搬来和我一起住吧！大家有个人互相说话，有个人气！"

"行吗？"

"咋不行，我和熙莹（老封女朋友，华理学妹）说。"

梵谋文化传媒成立五周年，公司员工安吉拓展之旅合影。

后面的日子，我搬去和老封两口子一起住在了熟悉的徐汇。早上起来，熙莹给我们准备早饭。我那时已经把别克君越卖了，给公司抵债。每天清晨，我和老封两个人如许文强和丁力一般，潇洒地踏上我们公司留存的一辆金杯面包车，在梵谋师傅小官的驾驶下，驶向职场和创业的战场！

每天路上，我们互相分析，互相参谋，互相打气，我渐渐找回了自信，老封事业也渐渐走向了成熟。那个阶段，是我事业复兴的关键时期，就在那一年，我遇到了我未来的夫人，成就了我的婚姻大事。我向她承诺，哪里跌倒哪里爬起。终于，在2009年，我弥补了失落和遗憾，购买了人生中第二辆车：凯迪拉克（我给它起名叫"黑色肌肉"），结束了"金杯少年"的屈辱。

那一年，老封大学口中一直念叨的"CRV、CRV"也梦想照进现实，被他成功开进了我们居住的小区，大家都开心地模仿他大学的模样，拍着车身，嘴中"CRV、CRV"夸张地叫嚷。

老封憨憨地笑着："老子本来不想买这台的，后来选来选去还是它，看来我和这车上辈子有缘！"

后来，一峰在央企待得十分不开心，在老封的介绍下也加入了那家韩国公司，进了化工行业。现在回顾一峰在这个行业取得的成绩，应该要十分感激当年老封同学的引荐吧，这是后话。

两位昔日的战友，在纷繁复杂的化工行业借着彼此间超强的信任和默契，共同配合，打拼出了属于自己的一片天地，迅速在国际化学期货领域得到了一席之地和国内外客商的尊重。

我则一直如同老牛一样，继续开垦我的高校传媒事业。也会因为到各地发展遇到现金流忽而紧张的时刻，他们俩就是我的"人肉提款机"，只要他们有的，我随调随到，解决了我不少烦心事和创业难题，毕竟一分钱难倒英雄汉啊。

世界是精彩广阔的，世界更是狭小的。在 2010 年世界广告主大会北京站的颁奖典礼中，梵谋传媒被组委会授予了"中国十大广告创意"金奖。当我接过金光闪闪的奖杯，面对来自全球"世界 500 强"的市场总监和行业大佬，做了时长 5 分钟的获奖感言，一席发言引起了不错的反响。

世界竟是如此小，下了舞台，满雅楠的电话打了进来："sorry，你在北京吗？你在参加世界广告主论坛颁奖典礼吗？"

"我说，是啊，你怎么知道？"

"哇，真是你！我老公和我说，我还不相信！"

"你老公？"

"我老公就是今天台下的同声传译，你的获奖感言是他全程同声传译的。"

"我靠！不会这么巧吧？"

2014 年夏，老孙在梵谋传媒
总部一楼接受"冰桶挑战"。

那晚，我和雅楠及她的老公一起唱歌喝酒，原来她口中的老公，就是她的高中同学，大学时代一直在追求她，此君一度把我列为他的头号情敌。

多年过去了，二人已经喜结连理，定居北京，他们在同声传译界做得风生水起，已经在这个领域创业了！

再来说说张默的男朋友和未来的老公（查尔斯，我生意上的合作伙伴，总是让我推荐女朋友），居然也是我在阴差阳错中介绍的。当时我就在想，你说一屋子的女孩，我还根本没有推荐过张默给他，怎么他们最后就在一起了呢？

他们瞒着我谈恋爱，大半年后我才知道。

张默和查尔斯的婚礼上，查尔斯动情地让我这个月老上台发言，我不识趣，居然说道："我不是有心给他们介绍的，没想到他们怎么就在一起了呢？"

台下一阵哄堂大笑，查尔斯的脸有点扭曲。

我说："兄弟，对默默好一点！"

还好，两人过得很甜蜜。

一峰和老封的事业发展得十分好，两人上阵兄弟连，联手出击拿下不少项目。老封也从当年一峰的引路人，变成了一峰口中的"小封"，谁让后来一峰做大了呢，呵呵。

那晚，两人一同宴请行业内一位非常重要的大佬，在送大佬回家的面包车上，两人开始回顾和吹嘘大学时代和同学一起创业的光荣岁月。那大佬听得津津有味，让他们多讲讲。听一峰描述，老封说得那叫一个精彩，仿佛梵谋当年牛掰得和微软一样！

正当老封哇啦哇啦说得正兴起呢，这位大佬突然回过头来打断了老封的话："你说你们是华东理工大学毕业的？"

"是啊，老大。"

"你们说的这个大学时代的创业公司是不是叫梵谋？你们说的那个 sorry，是不是叫孙绍瑞？"

老封、一峰惊叹到嘴张得老大："你怎么知道？！"

"这小伙子的创业经历可以的！梵谋传媒做得不错，你们几个兄弟可以的！"大佬评论道。

车厢内一时间异常安静，一峰说，当时他的眼泪已经流到了嘴角，隐约中，他仿佛也听到了老封的哽咽……

那红灿灿的理想年代，一去不复返，曾经的创业，带给我们的是一生的荣耀和精神财富。当然还有最重要的：尊重。

十年转眼一挥间，到了2015年，梵谋创立十周年的日子。我们几位自大学毕业后就没有再聚齐过，这次我早早向大家发出了邀请，助理小尹也很有心，全程力推这关键四位嘉宾的莅临。

梵谋文化传媒成立十周年合影，从左至右：封少伟，沈一峰，孙绍瑞，张默，满雅楠，葛武威。被授予"梵谋文化传媒荣誉创始人奖"。

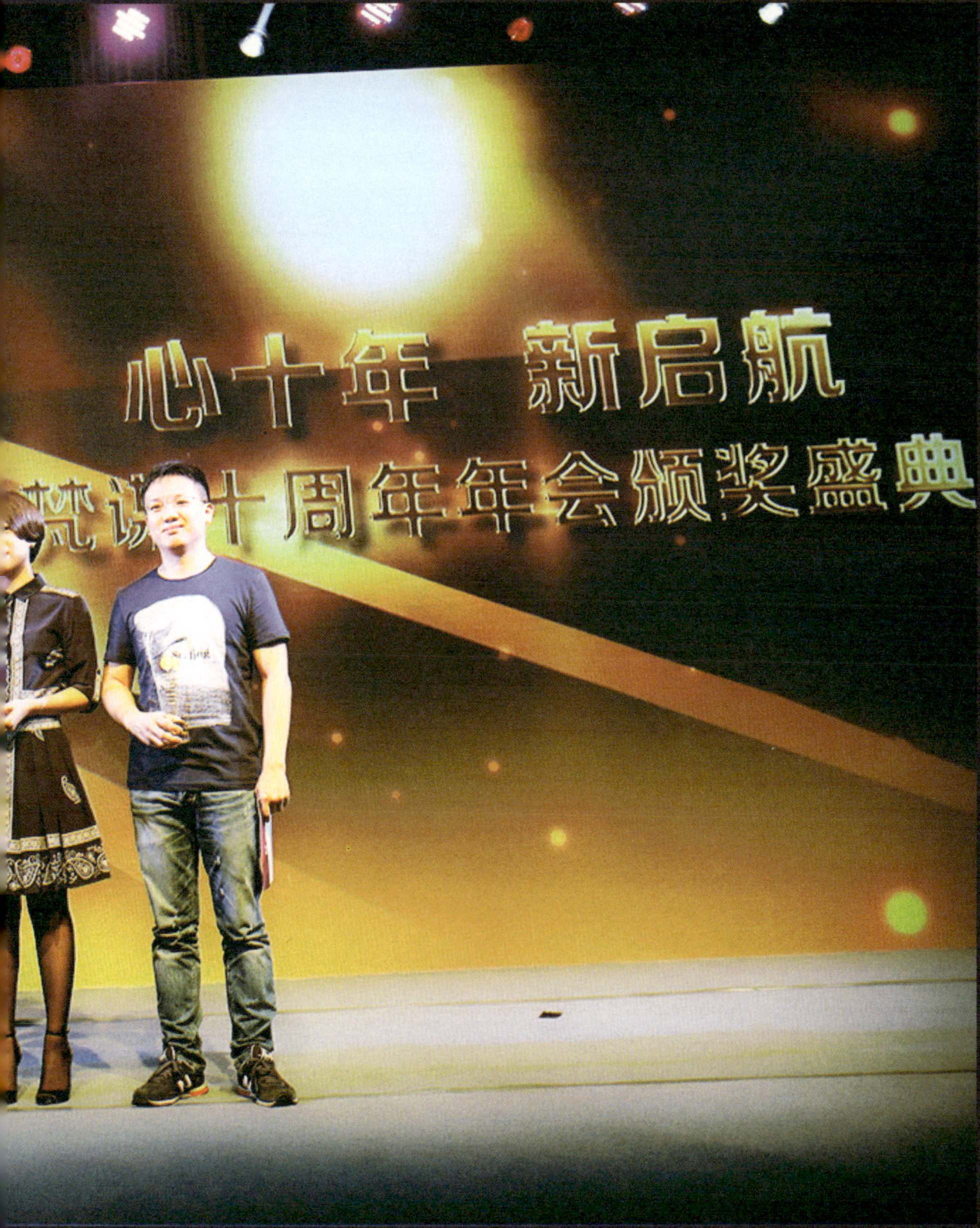
心十年　新启航
十周年年会颁奖盛典

晚会现场，五位昔日的战友再度聚首，看着他们背着我拍的祝福 VCR，我流下了幸福又百感交集的泪水。20 岁到 30 岁，一个人完整的青春，伴随着一段跌宕起伏的创业故事，还有那份来自菁菁校园的祝福，一帮人，不同路，却同行。

"有请梵谋第一批创始团队：沈一峰、封少伟、满雅楠、张默，还有我们的孙绍瑞孙总登场！"在主持人李柯和刘鹏的高亢致辞下，盛装出席的几位战友被邀请到舞台中央。

我和每一位都热情地拥抱，并颁发了沉甸甸的"梵谋荣誉创始人"奖杯。我站在伙伴们中央，双臂伸展怀抱我的同学、朋友、伙伴，炽热的灯光打在我们的脸上和额头，把我们的眼睛照得闪亮。

"咔嚓！"时间和影像在此刻凝结，一样的人，不一样的皱纹……

十年，岁月流淌，最熟悉的陌生人，一路上有你，我还在，大家安好。

第三章

创业需要有勇气下赌注，
不入虎穴焉得虎子

梵谋文化的第一次事业转型

生活给了我们很多苦难，但如果你没有勇气坚持下去，又怎会有幸见到它在最绝望的时候开出的那朵名叫"成功"的花？

2006年8月6日，就是这样一个绝处逢生的日子，也是我人生中最重要的一次转折点。

那天，酷热的上海让我热血沸腾，我激动万分地签下一份协议，成功买断上海22所本科院校所有餐厅五年广告位经营权！

我实现了一个别人认为不可能成功的事情，更重要的是带领梵谋文化传媒从一个项目制公司，成功转型为一个上海滩最大的、拥有资源型阵地的高校传媒公司。

走出项目方的办公大楼，四个月的波涛汹涌、暗礁丛生，如同电影慢镜头般一幕幕回放……

2006 年，彼时的梵谋传媒已经承接了不少项目，做得风生水起，但也正是由于接触的项目越来越多，我感受到了项目制公司的局限性和危机性。我开始思考，能不能突破现在的商业模式，建立一个资源性平台？

经过反复研究，我的梦想越来越具体，理念越来越清晰，最终决定建设梵谋高校专有媒体。

当年的挑战杯全国创业大赛，建设高校专有媒体的概念，一路过五关斩六将，获得华东理工大学金奖。但因为实战的原因，项目没有继续参加上海市的比赛。

"你很难在学校里面去建设专有媒体，不可能有大学会给你开辟一个商业广告位的。"评委老师虽然给了我们金奖，却不认可项目的可行性。

我天生有一股倔强劲儿，心里坚定地认为这事是有可能的。

后来我在选位置的时候，发现了一个绝好的位置：高校餐厅。那时候的食堂，基本上是空空如也的白墙，偶有一些用塑料板做的大幅广告，也很不美观。我就在想：也许我可以买断这些广告位，把它做成地铁里的那种户外广告。

我倒真敢做，开始找高校的后勤领导或团委领导洽谈合作，不料跑了许多家高校都吃了"闭门羹"，大家无一例外，都认为这是不可能的。

从交大到财大，从上外到华政，从上海的西南角跑到了东北角，功夫不负有心人，我终于找到了政府旗下的一家三产公司，愿意跟我合作。

"我们能把上海所有的高校食堂餐厅的广告位拿下来，但是如果你要全买断的话，一年需要 500 万。"

500 万？我一听吓傻了，我做梵谋文化传媒不到一年，账上倒是有个几十万，一年 500 万对于我来说简直就是天价啊！但我深知这个项目有多好，我没钱，又不想放弃。

于是，我找到了一个投资者，他也发现这个项目非常好。我们在浦东的一个商务楼里商谈，把情况都摸透了，他让我介绍项目方给他认识。

后来，我又找了一个运营方做我的合伙人，她是我曾经的客户，一家报社的高管。

那年，我 20 岁，还不知道商场险恶、人心难料，毫无防备地将项目方老总介绍给了投资方和运营方，却险些让自己出局。

第一次和项目方谈判时，我还在现场，他们还挺把我当回事儿。这之后，就杳无音信。

我感到很奇怪，一直问我邀请的合伙人，到底是什么情况。她支支吾吾，态度模棱两可。问投资方，同样被他们支支吾吾地敷衍着。我不知道中间哪个环节出了问题，后来实在忍不住了，就自己跑去找项目方问。

"哎？他们不是说这个项目你不参与了吗？"

"我参与呀，我怎么不参与呢？"我一头雾水，焦急地回答。

"现在你找的那个投资方和合伙人一直在跟我谈，你为什么就不参与了呢？"项目方老总也是一脸疑惑。

我一听到这个情况，气急败坏，然后找到我的合伙人质问："你们两个人去谈，怎么就没我事儿的感觉呢？"

"绍瑞，你还是个大学生，公司也还小，这个项目很大，一年 500 万，你还是以学业为重。我们两个想把这个项目好好弄一下，弄好了给你分一些介绍费。"这赤裸无情的回答把我气个半死。

"这件事是梵谋未来的一个很重要的主营业务，而且我有成熟的计划书。我准备通过这个项目，把梵谋从一个项目制的高校传媒公司发展成高校专有媒体公司，这是一个很完善的计划。况且，这件事本身是我找到的项目方，又是我找的你，希望你加盟我们公司，怎么你们两个走到一起去跟项目方谈呢？"我歇斯底里地怒吼，却在空气中凝结成了无可奈何。

不甘、气愤回荡于胸中，无处释放，我决定另寻合作伙伴。

"这个项目是由我发起的，希望你还是能给我留一个口子。他们两个现在不带我了，我去找别的合作伙伴，这件事我还是希望去做的。"我再次找到项目方，争取机会。

好在项目方也觉得他们不太厚道，并没有完全答应对方："那我给你一个月的时间，你尽快再去找投资方。"

一个刚创业不久的大学生，圈子小，我在我的客户中找到了另一个投资人，他是专门做广告的。听完我的介绍，他觉得这个东西崭新得让人眼前一亮，又找了另外一个做广告的，准备开辟"新大陆"。

这两个人也让我介绍项目方给他们认识，有了上次的经验，我才没那么傻："关于这件事的所有一切行动，必须要我在现场。"

那时候，第一帮人已经把价格压到了一年不到 200 万。我问项目方："到底多少价格？"

他说："你来做的话，价格比一年 200 万还低。"

"低到多少？"

"到时候你把投资方找来，靠谱再谈。"

我和第二帮人商量，预估五年 600 万拿下项目，以我为代表跟项目方去谈。

谈判的时候项目方不放心，怕我承担不起这事儿，要求我把投资方介绍给他。没办法，我只好又介绍了两方互相认识。

见了几次面，我们将价格谈到了五年 500 万。

在利益面前，道德、人情总是那么不堪一击。这帮人同样起了贼心，他们觉得这个项目太好了，又想把我干掉。

"你有多少钱？"他们问。

"我就三四十万。"

半晌，他们说："这个项目已经500万了，我们给你10%，你出点钱，我们俩再成立一个广告公司干。"

……

希望再一次被摧残得七零八落。

这一记迎面而来的重拳，我来不及躲闪，第一次深刻体会到什么叫"商场如战场"。大家把我像皮球一样踢，找谁都是前有狼后有虎。

那段时间我一直很崩溃，任凭无望、痛苦席卷着我，开始灰心丧气："你大爷的，左边是老虎，右边是狮子，我自己给自己挖了个坑。"

狮子和老虎争起来了，我被夹在中间。我原想不参与了，随他们争去吧，可第二帮人还非得带着我争："孙绍瑞，你必须要以我们的代表形式去跟他们谈，把这个项目拿下来，给你分成。"

后来我想，既然已经到了这个阶段，我肯定不会帮前面那帮人，那就帮后面这帮人，就这样了吧。一天晚上，苏浙汇，第二帮人请来了十来个上海滩比较有权势的大企业家，围了一桌，就等项目方的负责人来吃饭。

我叫了王睿同去。这兄弟是我大学最好的朋友之一，跟我同在一个篮球队。他的任务是，如果我喝酒喝多了，负责把我送回去。

吃饭前的气氛异常紧张，他们拉着我一起彩排，安排好各自的角色，让我配合演好戏。

"行行行，我陪你们把这戏演好，好吧。"我像一只待宰的羔羊，毫无反抗的力量。

饭桌上，他们极尽口舌地展示自己的优势："在座的都是我的朋友，如果我们签了这个项目，会有很多的广告业务，我们一定会把它做好，不会签了一年就不签了……"

我和项目方老总面对面坐着，这个过程中他一直看着我，好像觉察出了异样。

酒过三巡，项目方老总突然提高了音量，字正腔圆地说："孙绍瑞同学，这个项目开始是你有这个想法的，也是你找到我们这儿的，我们当时想跟你合作，是因为你在高校传媒上很有自己的想法。梵谋传媒在市场上是有些声音的，我们也认可你对校园文化的理解，另外也希望这件事能真正对校园文化起到建设作用。"

这样的场面，他也不好多说，便用了一个比喻："现在好比你已经找到了一个金山，却还拿着一个金饭碗在要饭。"

他问我："是不是？"

大家虎视眈眈地盯着我。我尴尬极了，无所适从，没有说话。

见状，项目方老总又道："不管这几个月发生了多少事，我今天就问你孙绍瑞一句话，这个项目你到底想不想做？如果你想做，又不方便说的话，你面前是一杯满满的白酒，你把它一口气全干了。"

我心里一动，积压在心里几个月的憋屈和压抑的情绪喷涌而出，我想干个事咋就这么难呢？我噌地一下站起来，一口把酒干下，眼圈一下子湿润了……

这时候，项目方老总也豪气地一仰头，干了杯子里的酒。"咣"的一声，他用力放下酒杯，说："今天这个合同我不能签。这个项目孙绍瑞牵头，我签。孙绍瑞不牵头，我不签。明天，孙绍瑞，如果你清醒的话，明天上午 10 点钟到我办公室签约，其他人我不管。"

他说完转身就走了。留下一屋子人，满是愕然。

项目方老总这一走，我知道这帮人的靶子肯定要转向我了。我的脑子飞速地运转，搜寻应对这帮人的办法。就那么几秒钟时间，我想到了一个非常牛逼的方法——装醉，那装得是相当像：我哇哇地吐，在地上可劲儿打滚……

"哎，这不行，快把小孙弄醒。"

"我们在这儿等他，不行，明天上午就要签约了，咱们一定要跟他说好。"

一帮人就像热锅上的蚂蚁，我听见他们在我耳边嘈杂焦急的声音。

"绍瑞，你怎么了？"王睿也着急地叫我，他愤愤地对那帮人说，"你们别跟他说话了，他都这样了，你们还吵吵。他喝了那么多白酒，我现在要送他去医院。"

这帮人还不肯罢休，他们说要等我，陪我去医院，还要跟我谈。

后来，王睿抱着我就上了出租车。坐上车，我仍然装着醉醺醺的样子。

"绍瑞，绍瑞，你没事儿吧？"王睿一直在叫我。

等到车子开动后，我听见旁边没什么声音了，突然很正经地问王睿："现在他们看不到我们了吧？他们听不到我们的声音了吧？"

王睿一脸诧异，随即明白了我在装醉："是啊，你酒量那么好，我心里也在想你有可能是装的，可看着又不像。"

"也不完全是装的，我确实喝多了。"想着接下来要如何签约的事，我强撑着精神头对王睿说："趁我还没完全失去意识，我把我想说的全都告诉你，后面的事就靠你了。"

"绍瑞，你说。"王睿并不知道这段时间发生在我身上的事，他只知道我创立了梵谋传媒。

我把整个事情的经过一一告诉了王睿："这个是我特别想做的事，今天的情况你也看到了，前有狼后有虎，都想把我甩掉。"

"绍瑞，你有什么想法？"

"你帮我给我爸打个电话，把我遇到的情况以及我这一年来做梵谋文化传媒的情况，账上的情况，给我爸做个介绍。"交代完，我就倒下睡着了。

第二天早上，我的电话一直响。迷迷糊糊地睁开眼睛，是我父亲。

听说头天晚上王睿打电话跟我父亲聊了两三个小时，父亲很震惊，君惠卡失败后，我没有告诉他我创立梵谋文化传媒的事，他也不知道我竟赚了这么多钱。

其实，第一次创业时，家里人都是反对的，只有父亲支持我。那时他仅仅是想让我锻炼锻炼，听完王睿的介绍，他也认为这次的项目确实有非常好的前景。

"你现在还差多少钱？"电话那头是父亲沉厚的声音。

"大概还差几十万吧。"那时我们已经跟项目方谈妥了付费方式：分五年付清，一年付款两次。第一年是80万，先付5万定金，再付40万，之后四年逐年递增，90万、100万、110万、120万。也就是说，我只要先付45万，就可以拿下这个合同，整个投资七八万就可以开始启动项目运营。

"这样，你跟项目方老总打个电话，你说这事儿你孙绍瑞干，而且是自己干，不跟别人合作干了。然后让他等你一天时间，我去给你筹钱。"

当父亲通知我钱凑齐的时候，我的心情真的难以言表……

第二天，2006年8月6日，我从银行取出了45万元现金，装了满满两袋子，很沉很沉，是一种深沉的安心——我终于把自己的命运握在了手中。我拎着钱在华东理工大学西门口转悠，等着项目方老总给我打电话。

"你现在来签约吧，我们都准备好了。"然后，提着沉甸甸的钱，我就过去了。

到了项目方公司，一份三页纸的合同静静地躺在桌子上。

"啪"，我把两袋子钱搁桌上。

项目方的几个人看得目瞪口呆："你不会转账啊？"

我傻呵呵地笑："我急啊！"

在合同上签字的那一刻，项目方老总笑着对我说："小孙，这份协议签下去，你就不是小孙了，你就是孙总了！上海所有高校本科院校的食堂广告位全是你的！"

拿着这份薄薄的合同，我无比感慨、激动，那一刻，好像缠

梵谋文化传媒创立之初的第一批社会化员工，买断广告位在第二个办公室——"幽澜苑"。一间二室二厅合影，一排中间为老孙，二排左三为小尹，她目前任俺来也总裁办总裁助理。

中国志系列水墨画。

绕在我身边的妖魔鬼怪，都如潮水般退下去了，烟消云散。

项目签下来，我和王睿开始招兵买马，招聘了梵谋文化传媒的第一批社会化团队，一共十名员工。我带着大家去上海22个学校看广告位，开心得不得了，我提高嗓门，霸气十足地说："走，我现在带着你们看地儿去啦！"

那神气！

第一批400块的广告位，因为项目刚刚启动，还没有商业广告。以前我承接了很多名人名家进校园的活动，比如真维斯董事长杨勋、第一财经总编辑秦朔等名家的演讲，可我这个人就是爱折腾，想做点新鲜的，于是"中国·志"的水墨系列公益宣传画就诞生了。

当时我在公司里写"中国·志"，我说我们要做"中国·志"，下面分为五个志：军志、斗志、商志、艺志、心志。下面的员工都看傻了，不置可否，大概他们在心里骂：这老板神经病吧，"中国·志"……

公司的设计师根据我的设想，设计"中国·志"系列水墨画。作品出来，令人惊艳。

当400块广告进入上海22所高校，一夜之间，食堂白墙上全是"中国·志"，那么多名校，复旦、交大……全都知道了梵谋。

记得那天工程队的包工头给我打电话，说华东理工大学的食堂餐厅已经安装完毕，我兴奋地从公司跑到了学校餐厅。去的时候天色已晚，餐厅已经关门了，我透过玻璃窗，看着偌大的广告静静地安放在墙上，眼泪唰地就掉下来了。回家的路上，月色澄明，脚步轻快。

那段时间压力也特别大，以天为单位计算，这一天花了多少钱？钱砸下去了，如果招不到商，每天就是干烧钱。我经常和同事们开玩笑说，眼睛一睁，三万多块就没了，咱们必须要赚回来啊！

后来，我的邮箱里面经常收到上海各个高校的老师和同学发来的邮件，反映自己对这个商业模式或是"中国·志"系列概念的见解，华理商学院的老师尤为震撼。

多年后，那段时光已经印刻成一种深刻的纪念。对我来说，这是一次改变我命运的转折。

2006年8月6日，正是大四前的一个暑假。我原本也在犹豫，上了大四还要不要继续做梵谋。幸好，我有勇气闯入虎穴，幸好，我有父亲全力支持。

但殊不知，这一次新的大好平台，看似阳光似锦，却暗含风险和巨大的旋涡，创业跌宕大戏才刚刚拉开帷幕……

第四章

当创业者扮演的角色发生改变时，
你还能笑多久呢？

2007 年，我成为中国大学生创业典型时的状态和心境

这段时间，1998 年出生的创业少女、神奇百货 CEO——王凯歆正处于风口浪尖上，同为创业者的老孙不免多关注了一下。有媒体这样写：就像发射失败的导弹一样，王凯歆从天上跌落的速度并不比她飞上天时慢。干烈、残酷。

这是一个创业狂欢的时代，"90 后创业""95 后创业"变成一种时尚潮流，像王凯歆这样的例子并不少见，他们被媒体捧上天，又快速坠落神坛，满天诟病。

这不禁让我想起了十年前，发生在自己身上的一些事。那一段无知式的狂欢，并不比今天的"王凯歆"的经历平静……

2006 年 8 月，当我买断上海 22 所高校餐厅广告位之后，一

下子就成了学校的名人。有了项目，公司也从原来的凌云新村搬到稍微高大上一点的华理东门"幽兰苑"。两室两厅的办公室，与豪华不搭边，但被我捣鼓得特有感觉——在墙上挂一幅"天道酬勤"的毛笔字，贴些水墨画，洒了一屋子的情怀。

然后，我开始通过招聘网站招募第一批社会职业员工团队。全是我亲自打电话给面试者，特别诚恳："谢谢你投我们公司简历……"那时候，不是老板面试员工，而是老板求员工加盟。

打了几百通电话，只有三分之一的人愿意到公司来看看，估计其中有很多走到小区门口就转身离开了，"这么小的公司，正规吗？"最后，我终于招到十名被年轻公司的朝气所吸引的员工。

九月开学后，迎来大四。因为还有些专业课要去上，我经常换身衣服去上课，又换上西装领带回办公室。这些全职员工不知道我去干啥了，也没人知道我其实还是一个大学生，挺像电视剧里拥有双重身份的间谍。

那时候的日子真是饥一顿饱一顿的，付了合同款、购买了广告器材后，公司的流动资金已经非常紧张了。最初是免费把广告位送给别人的，就这样，十个客户中都有八个不要，觉得校园媒体影响他们的品牌。

顶着巨大的压力，我们没日没夜拼命地干活，跑客户、做策划、写方案、分析总结……我当时经常和同事们开玩笑说："当睡觉已经变成一种形式和责任的时候，也就到了我们即将胜利的时候。"

在我和团队成员的共同努力下，我们执着的精神赢得了合作伙伴的尊重。2006年年底，一家乳品公司与我们签订了两年的媒体买断协议，买断了梵谋三分之一的广告阵地。

新事业的"第一桶金"也让梵谋猛地上了一个段位，成为一个百万级规模的企业，在大学生创业公司中实属佼佼者。

2006年年底，国家开始鼓励大学生创业带动就业，中央媒体从北京开始，到处寻找大学生创业、80后创业典型。全国各地的媒体也如潮涌动，"大学生创业"这个词如同惊蛰之雷，劈开了春天的万物蓬勃。当时就有北京"80后创业富豪"：高燃、茅侃侃、李想、戴志康，上海也有四个"80后创业富豪"，其中一个便是我。

记得那天我被学校领导叫到学生处，一进门，一帮人围坐在屋子里，我以为都是我们学校的老师。

"绍瑞，你把你的这个创业经历给大家介绍一下。"叫我来的老师也不向我介绍，开门见山。

学生对于老师的吩咐总是有一种盲目的顺从，尽管我不明所以，却未问一句。那会儿也根本没有商业机密保护意识，一五一十把我创业的经历，尤其是关于梵谋文化传媒的商业模式，包括5年500万买断广告位的事，详详尽尽地全都说了。

讲完之后，老师说："绍瑞，你讲得非常好，你先回去吧。"

不到三天，我的电话就被各路媒体打爆了，我还不知道咋回大学生创业出**"大手笔"**

500万买断高校餐厅广告位，业务拓展到上海、南京和东北 80 多所高校

3 万元只换来一张桌子

餐厅白墙触发灵感

走出上海迅速扩张

大学生创业出"大手笔"。

事儿，有点慌。

"绍瑞，你还不知道啊，赶紧去看一下。"

......

当天的《解放日报》上一篇题为《大学生创业大手笔，500万买断上海高校餐厅广告位》的报道，洋洋洒洒，差不多占了半版的位置。

呵，我竟然上报纸了？还是党报，主流媒体。我这才知道，原来那天来的是记者。

"大学生创业""大手笔""500 万"这些字眼，对于一向具有敏锐嗅觉的新闻媒体来说，多么抢眼！一时间，全国各地的新闻媒

体纷至沓来，把公司围了个水泄不通。那时候，公司已经从幽兰苑搬到了城市中心的悦达国际大厦一个 300 多平方米的办公室。

这阵仗，太猛了，我吓了一跳，不知所措。

打电话给同事，同事给我出主意，让我别来上班了，先躲起来。

于是，第一天我就在公司附近的商场里逛了一整天。第二天去公司，看见记者们还堵在那里，又出去躲。躲了一星期，记者联系不到我，照样做了一大堆报道，从公司装修豪华等方面做了一系列解读。

无奈，看来躲也不是个办法，我决定站出来面对。脚踏进公司门的一刹那，大家一窝蜂地围上来，长枪短炮对着我一阵乱闪，我一慌，本能地抬手挡住头和脸。

第二天一早，《东方早报》的头版第二条，就是一张我用手挡着脸的照片，标题也是《上海大学生创业大手笔》，特别醒目，下面一行稍小的字：详见内页 ××。嗬，翻开内页，一整版的报道……

后来，东方卫视、第一财经、《上海壹周》等媒体纷纷做了报道。

媒体把我从一个普通的大学生变成了一个处在风口浪尖的大学生创业典型。说实话，那感觉很爽，四处接受媒体采访，全国各地做演讲，参加京沪 80 后大学生富豪论坛……好不风光！

从此，我身上多了一个标签：身价一亿的 80 后创业富豪。在媒体的这份榜单中，我排行第七。

2007 年的中国年度教育新闻人物奖落在我头上，去全国政协礼堂领奖，左边是于丹，右边是奥运火炬手金晶，内心亢奋得飘飘然。

骄躁之气不知不觉缠上身，我带着内心极度膨胀的自信，走路都是带风的，有一种不可一世的明星感，总觉得所有人都认识我。

当我还在享受云端的快乐时，一大拨敌人正在向我围拢。而我头上那虚妄的光环，上阵杀敌时一概用不上。

因为媒体铺天盖地的报道，各路英豪土豪都盯上了高校广告市场。而这个商机，是我亲自拿着大喇叭告诉大家的。在媒体报道后不到一个月的时间里，仅上海市就冒出了 30 多家大大小小的商业机构模仿我，全国涌现出 200 多家，并且引来了我此后竞争十年之久的对手——一家纳斯达克上市公司的一个子公司，有大笔的资金和我们竞争。

被媒体捧上了天，我亦觉得自己是无所不能的，开始在全国跑马圈地，一连扩张了十个分公司。而事实上，我和上海公司中层的管理能力都没有达到可以运营全国分公司的程度。当时我们在各个城市的招聘很草率，很多分公司的老总都是四五十岁的人，甚至都没和我见过面。

梵 谋 文 化 传 媒
FMAKER CULTURE BROO

老孙在大四时，
梵谋文化传媒搬迁至
第一个商务楼宇办公室：
悦达国际大厦办公室。

最有趣的是，有一次我到哈尔滨分公司，父亲和哈尔滨分公司老总都到机场接机，我和父亲先碰面，然后一起去见那位老总。"这是我们孙总。"还未走近，负责对接的人向哈尔滨分公司老总介绍。那人赶紧迎上前来，径直走到我父亲面前跟他握手："孙总，您好……"

我爸倒是很大方，和人家握了握手，指着我说："这位是孙总，我是孙总他爸。"

囧……

后来，在分公司的管理上，我实在是力不能及。除了上海分公司赚钱外，其余分公司全部亏损。

再后来，在竞争对手的恶意打击下，政府三产公司的反目诬告下，广告阵地流失殆尽，公司被无情查封，倒赔几十万……

这一跤，摔得致命。

从云端坠到深渊，这与"王凯歆"们的经历何其相似。所以，当我看到王凯歆的报道时，真是字字锥心，心有余悸。若不是我比她多了那么一点幸运，在失败的时候没有再被媒体关注，用犀利的文字在身上再踩上几脚，否则真不敢想象……倘若自己处在今天这个时代，还能否在媒体的炮轰下再次站起来？

所以，现实就是这么残酷，它才不管你是不是羽翼未丰，是不是涉世未深。

我对这段经历的思考，无关乎媒体报道的好与坏。我想，媒体是一把双刃剑，只看你自己如何把握。但最重要的一点，当你被媒体捧上天的时候，一定要稳住自己的心态，成为复杂氛围中的一个掌舵者，而不是让新闻媒体的曝光来影响自己的角色定位和内心感受，切不可沉浸在所谓的名人光环效应中。

经历这段毁灭性的打击后，在之后的创业道路上我时时提醒自己：创业的核心是脚踏实地地做事。事实上，当你保持低头做事的状态，你才能仰头做人，一切也才可能随着改变越来越好。

十年后，当我再次踏上互联网创业之路，创立"俺来也"，身上的骄躁之气早已剥落干净。在政府大力鼓励大学生创业创新、鼓励大众创业万众创新的环境下，"俺来也"同样用实际行动帮助、鼓励大学生创业。我成立了"'俺来也'青春创业营"，给有创业梦想的青年科学的创业方法，希望他们避免我曾走过的弯路、趟过的坑，不至于成为时代政策号召下的炮灰。

每个人都需要存在感，而这种极端的、被大众认可和认知的存在感，只能称得上是"虚荣"。对于创业者来说，真正的存在感一定不是自己的"知名度"，而是流淌在内心深处那运筹帷幄的味道。

围　城

同样在飞翔，
同样有梦想，
同样年少轻狂，
更迷茫。

欢歌笑语，
悲泣惆怅，
爱恨交织，
已深藏。

醒着，追求宽阔的臂膀，
醉时，寻找孱弱的胸膛，
徘徊在生命的走廊，
似彷徨。

一本书、一碗茶、一小觉，
一张床、一家人、一辈子，
驱逐世间的污垢，
润清凉。

海誓山盟重返现实的繁忙，

热情奔放再附倦怠的沧桑，

让寒冷的血液释放，

拿温暖的心灵抵挡，

沐阳光。

当一切向往平淡，

当所有趋向释然，

思想的狱墙，

永消亡。

愿一切美好的景色重温，

愿所有伤感的遗憾遗忘，

真心的呼唤欢乐天使，

站肩上。

于是，

我的心走了，

只留下，

他在那里感伤！

孙绍瑞

2008 年 4 月 18 日

第二部分

这是一个
残酷的
旅程

虽然多年后看之前创业
遇到的各种伤各种痛已成为一笑而过的故事，
但回忆起身处事件之中的状态，
仍然会让我感受到那种压抑、恐惧、伤心，
以及令人窒息的空气

······

第五章

遭遇"中国式"商业竞争

梵谋文化面对不正当竞争的遭遇战、缠斗战纪实

2006年8月6日，经历了多番波折，我终于和政府名下的一家三产公司签下了为期五年的上海高校餐厅框架广告位买断协议。五年，总标的额500万元。

一夜之间，梵谋文化从一家从事校园活动的学生创业项目制公司，发展成为一个拥有上海高校媒体广告位经营权的专业高校媒体公司。

我又斥资几十万，把学校空荡荡的餐厅白墙安装了新材料制作的框架广告位，餐厅墙面、立柱，大大小小的广告位安装了数千块，开创了"中国高校媒体行业"。

由于项目刚刚启动，没有广告主愿意付费投放广告，所以我们自己开发了一套名为"中国·志"的公益广告。多年前"中

国·志"这个概念就一直萦绕在我的心头，原来的设计中，"中国·志"是一个系列名家进校园的公益演讲活动，但我感到"中国·志"的名头过大，仍然在世的名人名家恐怕难以担当。所以买断了广告位阵地后，第一版的"中国·志"便最先以公益广告的形态出现在大学市场上。

"中国·志"包括五组画面"斗志""心志""商志""艺志""军志"。五幅中国水墨画泼墨系列就这样力量感、场景感十足地铺进了上海各大高校餐厅阵地，大幅醒目的公益广告右下角落款：梵谋文化。

一夜间，梵谋文化伴随着"中国·志"成名于高校内外，成为高校师生和广告行业议论的焦点。"高校媒体"从此成了一个新行业，大学食堂也可以做广告，也具有广告商业价值，从那时起被外界所了解和知晓。

一时间，媒体报道铺天盖地，《解放日报》一篇《大学生创业大手笔，500万买断高校餐厅广告位》报道出来后，我的电话就被各路记者打爆了，梵谋办公室被媒体记者踏平，彻底沦陷了。在那个年代，"大学生"和"创业"两个词放在一起很具有新闻亮点，再加入一个"500万"字样，确实是一个爆炸性新闻。

新闻爆开了，随之而来的麻烦就接踵而至……

彼时正是户外传媒公司分众传媒登陆美国纳斯达克，分众的成功上市创造了户外传媒的资本奇迹，户外传媒领域各路英豪土豪纷纷涌入各种分众类体系的户外广告经营建设中。

梵谋在上海高校买断高校餐厅户外广告的新闻被大肆报道，更有《上海壹周》的一篇整版专题报道文章《华理出了一个小江南春》，一时间，户外传媒领域各路精英加入到高校传媒的竞争大潮中。

最火爆的时候，据我们统计，全国大大小小的梵谋模式高校媒体公司一下子涌现出 200 多家。有做不同城市的高校媒体的，有做体育场围栏的，有做报刊亭广告的，有做餐厅桌面广告的，有做宿舍应急灯广告的，更有甚者和媒体说道："上海的孙同学做的是高校餐厅广告位，我们做的是高校厕所广告位，这个强制收看，效果更好……"当时我看到这个报道，真是哭笑不得。

你看，这就是中国式的商业竞争氛围。当你选择了一个创业的商业模式和新的市场，最好的选择就是先把它独立地、一步一个脚印地做好，而不是释放更多的声音，放给媒体更多的商业机密。因为在中国，一个好的商业创意出来，被媒体报道了，你会发现一夜之间历史的空白会被聪明的中国商人全部填满。

就像一个故事说的一样，在美国，如果你在一个小镇或者高速公路口开了一家加油站，随着生意越来越好，过几天你会发

2007 年，新民晚报刊登文章《投资 500 万买断高校餐厅广告位，大四学生金点子赢来商机》。

现，加油站的旁边慢慢开起了汽修店、食品店、休息站之类的配套商业集散地。但如果是在中国呢？当你在某处开了一家加油站，当赚钱的消息不胫而走，没过几天你就会发现，你的周围又出现了 N 家加油站，然后大家就火拼价格吧……

于是市场上出现了大量的不正当竞争和"跑马圈地"式的军备战。在这期间，我创立的梵谋文化传媒遭遇到的是外部和内部的双重矛盾，和无比纠结的竞争态势。

先说说外部。

当时一家大的户外传媒集团在北京设立了子公司，专门模仿梵谋文化传媒，从事高校媒体经营业务。他们从北京起步，迅速占领了北京高校媒体市场，并通过母公司资本的力量，将市场范围扩张到上海。

由于我们和政府下面的三产公司签署的合同规定得很清楚，约定的 22 家本科院校

《上海壹周》的一篇整版专题报道《华理出了一个小江南春》。

的餐厅框架广告位资源我们是独家经营权。所以一开始，这家北京来的公司先从专科学校和民办大学入手，同时派出渠道开发人员绕过教委，直接和我们覆盖的 22 家本科学校洽谈合作。

各个学校因为之前并没有和我们直接签约，所以并不知道自己学校的餐厅白墙居然有如此大的商业价值，所以自然对和我们签约的政府三产公司有些意见，认为中间商拿了大头，自己吃了亏。而我们派出的渠道开发队伍，因为协议签署的问题，不能直

接和合作学校沟通，必须要通过这家政府三产公司去沟通，拥有的阵地岌岌可危。而除了这 22 家，合同外的外围高校市场没有行政制约的庇护，我们和对方打起了真刀实枪的价格战。

不过三个月，对方便在上海的专科学校和民办大学撬开了市场，而我们拖着一份有瑕疵和严重法律风险的买断合同，苦苦防御。防御战还是有一定效果的，通过不断的竞争，我们成功地把北京来的掠夺者攻下的阵地反攻了几所。于是，广告位经营权不断易主，今天还是他们的广告器材，明天又拆掉变成我们的，甚至有些校区的阵地争夺战你争我夺，几易其主。阵地争夺进入白刃战，很是惨烈。对方来势汹汹，号称白道黑道通吃，那气势真让人呼吸紧促。

终于，有一天我接到了对方派驻上海市场负责人的电话："你就是梵谋的孙绍瑞吗？"

听对方的口气，来者不善。

"是，您是哪位？"

"我是 ×× 公司邓金（化名），我们是 ×× 集团旗下全资子公司，从北京过来的。我们有大把的资金，成熟丰富的客户资源，我们的团队从事户外传媒领域十几年，你们大学生创业根本不是对手。"对方一上来就咄咄逼人。

"您今天打电话有什么事吗？"

"我就是想告诉你，我们是带着大笔资金和团队来上海的，上海这个市场我们必须要占领、必须要拿下的。你们别在这边仗着和政府有点间接联系就怎么着了，你们可以和他们合作，我们砸钱一样可以。另外，我们签约的阵地你们再来撬，撤我们牌子，小心我们上门把你们公司拆了，把你们广告位全给你拆掉，你信不信？！"全是恶狠狠的威胁……

我那时深知他们的实力，而且我知道传统户外传媒领域的江湖气息十分浓重。

我顿了一下……

"邓总您好，我是华理的一名大学生，我是大学生创业者，买断上海的广告位前期已经投入了不少，现在还在烧钱。我的实力和你们比起来相距甚远，只想把公司经营下去，活着就好，希望我们和平共处。"我选择了示弱……

"是，你的背景我们都知道，我们是一个大集团，实在不行我们收购你们也行。苦撑着干啥？我刚才也说了，上海市场是我们的重点市场，我们一定会拿下！"他听我这么说，语气缓和了许多。

"邓总，我只想把我上海已有的阵地做好，我们除了高校媒体平台之外，还有高校活动业务，我们是一个给客户提供校园活动综合媒体营销的公司，希望我们可以良性竞争，合理面对高校渠道和客户竞争。我们体量很小，您不必太放在心上。"

"市场就那么大，你拿了我就没有。今天给你打电话的意思就是，以后不要再拆我们的牌子和阵地，否则我们用钱砸死你们，你拆我一块，我拆你两块！好自为之吧。"

"邓总，我们合理竞争，有空聚一下，欢迎你到上海发展。"

电话挂断。

一旁的同事听了大半程，一直憋着，气愤的表情溢于言表："绍瑞，你太软了，你应该骂他！干就干，谁怕谁！"

我摇了摇头："今天这个电话，我这样回答至少三个月内不会遭受对方大面积的围剿。先示弱再武装，找机会，全力反攻！老子总有一天把你们赶出上海，再打到你们北京老巢去！"

面对外部大老虎的围追堵截，内部合作伙伴间的分歧也越来越大。

原本签约阵地给我们的政府旗下三产公司，因为 500 万买断合同被媒体曝光的缘故，致使各大高校意识到这块阵地的商业价值，所以对原本政府三产公司给他们签约的媒体合作商务条款很不满意，又碍于政府的上级领导压力，不能明确撕破脸皮，致使我们广告终端的执行上经常遇到现实阻力。

2006 年年底，经过努力营销，我们的提案得到了一家乳业公司的青睐，最终我们签约了 260 万元的媒体广告位买断协议。合同约定，高校打饭口灯箱广告位资源要 45 天上刊完毕。事实上，这个项目在执行中遇到了巨大的阻力，最终用了 4 个月的时间，我们仅仅上刊了 8 所学校，致使这家乳业公司仅仅付给我们第一笔款项就拒绝再付款了。

我们的声誉遇到了巨大的损失，260 万，当时是创造了高校媒体里程碑式的广告招商案。可最终被迫流产，我们苦不堪言。

而三产公司不但不能控制学校的广告位上下画，反而一直催促我们再度履行支付广告位租金的义务。我们要求对方解决广告位上刊进度，对方要求我们支付广告位租金，相互扯皮，梵谋文化的高校媒体业务遇到重大阻碍。

面对竞争对手的大举进攻，他们可以直接和学校洽谈广告位经营协议，并且有几个学校已经被撬动，与他们展开了合作。我们却因为一份只有付款义务的协议，而不得与校方直接接触，公司在内忧外患中被压得透不过气来。这导致客户合作流产，还有阵地流失殆尽的风险。

经过痛苦的挣扎，我们做出了独立展开和学校合作的决定。

在最困难的时刻，我的母校华东理工大学给了我最坚定的支持，和我签约了独家 5 年的广告位，一份梵谋文化真正和大学签约的、具有广告位产权的经营协议。

我们直接和学校签约合作，一方面意味着高校广告位产权的明晰化，那就是学校的广告位阵地是由学校支配的，也让我们看到了原来签署的协议存在的巨大风险，这更加坚定了我们自主和学校合作的计划。

然而，先前和我们签约的三产公司看到这个局面却是百般刁难，自己没有良好地履约，致使我们的广告无法上刊，拿着一个有瑕疵甚至是有极大风险的阵地来出售给我们。原本以为对方会给出一些合理的后续处理办法，却不承想对方恼羞成怒，大家从合作伙伴走向了对立的双方。

广告位的产权问题成了双方争议的最大焦点，我生平第一次收到了仲裁委员会发出的仲裁通知书——我们被对方告上了仲裁委员会。

对方要求我们继续支付广告位阵地费用，数额高达几十万，同时要求已经上好画面的框架阵地为他们的产权所有。

看着自己成为被告，我感到十分委屈、无力。辛辛苦苦希望通过自己的努力创业，怎么会遭遇如此无理待遇？

我当时是一名大四学生，从来没有过这方面的经验。我十分气愤，感觉受了伤害，但公司还在继续，近100万的投资已经进入市场，那么多的付出不能付诸东流，我选择抗争。于是在朋友的推荐下，我找到了一家律师事务所。这家事务所的主任律师接手了我们的案子，他建议我们反诉。反诉的理由是：我们按时支付了广告位阵地费，但是由于阵地不稳定，导致我们的广告无法上刊，造成很大的经济损失和企业信誉损失，要求退款，要求赔偿经济损失。

但是他告诉我，律所的收费是按照诉讼费用的比例来支付的，所以如果我选择反诉，那么律师费就要支付更多，要十几万元。我听后紧皱眉头，陷入了沉思……

几天后，我给主任律师说，我愿意反诉，我借钱也要打这个官司，还我们创业者公道。仲裁庭接受了我们反诉的申请，两案并成一案，成立三个仲裁员的合议庭。

在仲裁庭上，我担任了主任律师的助理，自己亲自参与了仲裁辩论，时而激动，时而沮丧，时而充满希望，时而觉得暗无天日……

台面上在仲裁，私下里的斗争更加不可开交。我们的广告位正常经营是不可能了，经常是商业广告刚上，就被不明人士给暴力扯下来，威胁恐吓电话也收到了不少……

这些都没能吓到我，我坚信正直诚信的经营会换得老天的青睐和认可。

但是，直到那一天……2007 年 9 月 30 日下午，我接到了公安局的电话："你是孙绍瑞吗？"

"我是，请问您是哪位？"

"我是 ×× 分局的张警官，我们收到一份报案材料，是关于你涉嫌侵害他人私有财产的证据资料，请你明天上午十点带着自己的有效证件，到我们分局协助调查一下。"

听到这席话，我突然感到一阵眩晕和恐惧……

"您好，张警官，您说我涉嫌什么？"

"涉嫌侵占他人私有财产，请明天带好有效证件到我们分局协助调查一下。"

"抱歉，张警官，我想你们一定搞错了，另外，明天是十一黄金周，我已经订了出行的机票，可否'十一'之后再来看是否存在什么误会？"

"还有心情旅游呢？你是想自己来啊，还是想我开着警车接你来啊？"

我的心冷到冰点……

"好吧，我明天来。"

放下电话，不安的情绪久久萦绕在心头，我知道又是竞争对手的陷害和手段，我该如何是好？我会遇到怎样的遭遇？

我取消了行程，和母校的老师打了电话，询问了相关的法律问题。母校的老师很关心，介绍了华东政法大学的教授给我认识，晚上还专门做了相关的咨询，他答应第二天陪我一起去××分局。

我带上了关于我大学生创业的媒体报道，带上了一切可以证明我是正规创业者的资料，带着一颗忐忑的心赶往××分局。脑子中，都是革命者被严刑拷打的电影镜头……

到了分局，三名警官身着便衣在大厅里和我交流起来。

"你要看我们的工作证吗？"

"要！要！要的！"我很坚定地要确定他们的身份。

看过身份证明之后，他们发话了，并且拿出了一份足有十厘米厚的A4纸文件。

"你看看这份报案材料，材料显示，原本本市22所高校的餐厅框架广告位都为××传媒公司所有，然而两天后，原所有广告位画面全部被拆掉，案发后两天全都更换为梵谋文化传媒的广告。证据确凿，你作为梵谋文化传媒的法人，涉嫌侵占他人私有财产，对此你有何解释？"

我看着这些材料，听着警察的叙述，顿时心灰意冷——生气、恐惧、恶心、悲哀……

"他们怎么能这样明目张胆地掩盖事实、陷害我们？！"我狂吼着，用渴望的眼神看着陪我来的教授。

"事实不是这样的。原本所有的广告位资源都是梵谋文化传媒的，广告的框架投资也是我们做的。目前的阵地所属权问题还存在争议，仲裁委员会都还在仲裁。我们的广告位经常无端就被撕扯、拆毁，无法正常招商经营。他们掩盖了事实，真正的事实是，原本这些广告位上都是梵谋文化的画面，突然有一天，有人一夜之间把我们的广告画面全部撤掉了，都是白板。第二天又都换上了他们的画面。这才是赤裸裸的侵占，赤裸裸的抢劫。他们撤掉的画面不单纯是有争议的广告阵地，更包括了我们和学校直接签约的合同阵地，致使我们履约的广告出现大面积违约，所有商业客户也都收到了空白画面的匿名图片邮件。我们十分震惊和气愤，于是马上让渠道部对我们的广告位进行了紧急恢复。"

"所以他们是有预谋的陷害，仅仅截取了他们放置广告，然后我们换上去的后半段场景，造成我们侵占他们广告位的假象。这简直太可恶、太可恨了！"

"你说的这些，有证据吗？"警察面对激动咆哮的我。

"当然有，我们有之前几天给客户提供上刊报告的照片。还有，你看，这是媒体对我创业的报道，我们开创了高校媒体业务，谁知道投入了这么多精力、人力、财力，却遇到这么大的风险和卑劣的合作伙伴。"

"我和我的委托人希望你们仔细调查，这件事，一方面证据有严重的瑕疵，另一方面，把它定性在刑事责任假设也是不应该的，就算对方提供真实可靠的证据，最多也应该是一个民事纠纷。"华政的教授在一旁说道……

我们在××分局待了大半天，才得以离去。走出××分局的大门，我内心涌出了千万种委屈，黑社会和流氓我都不怕，因为我相信这个社会是充满正能量的，对于一个刚出大学校门的大学生，我认为世界上的一切都是美好的……这次，这个乌托邦的理想世界被打破了。

"大学生创业又怎么了？你以为你是光环围绕的时代宠儿？NO！非但如此，在商业社会，你这是把自己的软肋暴露在外面，而且是赤裸裸地暴露。这就好比军人上了战场，却穿着一个带标牌的军服，上面写着"我没有子弹"，荒唐而危险。Young man, you are nothing！

后来，华政的教授帮我找到了市局的领导，询问事情的来龙去脉。传来的消息是："对方大领导相互打了招呼，希望通过此举吓唬吓唬我……"此事因为证据不足，不了了之。

我的内心是崩溃的……

这段往事我后来很少提及，那是我内心的伤心处。是一种

"面朝天空，沮丧、愤怒、无奈而又消极地叹一口长气"的镜头，充满悲凉。

仲裁合议庭的官司还在继续，经历了××分局这件事，我也就预测到了仲裁是一个怎样的过程和结局，也明白了为什么当初双方合同约定中，争议处理办法是用"仲裁委员会"的方式。仲裁裁决即为终审，大学生创业，20岁，这些坑，你懂吗？

仲裁庭庭内庭外硝烟四起，合议庭三位仲裁员中的一位女老师是支持我们这一边的，她没有向我们具体透露内部的情况，但是从她庭审的表情和状态，却显出了深深的无奈和对不公的愤慨。也许是因为知道了必然失败的结局，我的主任律师失去了斗志，只有我还在拼命地挣扎，辩护，坚持……

那一天，一个天气昏沉的下午，一纸仲裁裁决书寄到了公司，我拿在手里缓了半晌才敢慢慢打开。

结果是判我们全输！我们的反诉请求被全部驳回，对方的申诉请求被全部认可通过。梵谋文化全输，同时赔款大几十万元……

十年后的今天，当我写下这篇文章，我还能够清晰地回忆起，当我看到这个判决书的刹那，内心冰冷的空洞感，以及双腿瘫软的乏力……人生第一次彻底的无助、无力……

经过大半年的折腾，公司已经溃不成军了，业务严重受阻，个人情绪和时间大面积被仲裁和争议所占据，公司经营岌岌可危。最后得到这样的判决，更可谓攻心之战。

陆续地，各大高校也都收到了这份判决书的复印件，它们是在向世界宣告：小孙和他的梵谋传媒，从此完了！滚蛋吧，少年！

接下来，仲裁执行庭冻结了梵谋文化传媒的银行账户，因为公司现金根本不够支付赔款，所以仲裁执行庭的法警来公司贴了封条。一天的时间，所有的电脑、硬件设备和值点儿钱的资产全部被白花花的封条无情而冰冷地贴了起来。

彼时的我只有两个选择：公司倒闭或坚持下去。

那段时间我彻夜难眠，员工无法正常上班，纷纷离去，只剩下几个忠心耿耿的同仁，对在逆境中仍然坚定地向我抛出信任眼光的人，我心里很感激，此生绝不辜负。

我不服，我不甘心，我不该像一个懦夫一样被打倒。我是阳光的，我是踏踏实实认认真真诚诚恳恳要创业的，我宁可站着死也不跪着活，我要坚持下去！

创业者是一批最真实的人，坚持到最后一刻，转机就会到来。

在最艰难的时候，我的好兄弟尹秀华（比我还小一岁，当时他也在上海自主创业，现在已经是"俺来也"公司的董秘）伸出了援手。在一个傍晚，他致电给我，询问我最近遇到了什么事，为什么会一直郁郁寡欢。我在电话里向他简单说了我的遭遇。他说："绍瑞，你在家等我，我过来找你。"

之后的几天里，秀华帮我凑了50万，打到了我的银行账户。

多年后的一次聚会，席间酒后提及此事，秀华笑说："绍瑞，当年的50万，其实我借给你的时候，根本没想着要你还……"我听着，笑着，内心却流着泪……

凭借着秀华的50万借款，加上我自己又卖掉了人生中第一辆车的车款，解决了赔款问题，释放了被冻结的银行账户。痛定思痛，我关闭了除了上海总部之外的所有分公司（这个故事在其他章节专门介绍），重整旗鼓，重新出发。哪里跌倒哪里站起来，我是打不死的小强！

从此，大学生明星创业者的光环从我内心真真正正地褪去了，先前媒体报道的80后创业富豪排行榜中身价一亿的排行第七的标签，被我甩进了太平洋。

从此，每日挤公交地铁上下班，带着仍然跟随的三名同仁，重新出发，擦干眼泪，继续上路。

那段日子，我自己又当前台，又当销售，还要当法人、总经理，一人分饰几个角色，把心沉下来，一点一点努力向前。

那是怎样的一段触底反弹的难忘岁月啊……想到就让人哽咽。

翻看校内网，看到那时自己的一张张笑脸，看到新的合作伙伴与我们共创的点滴辉煌，靠自己、做好自己，是对对手和不公的最大还击。

沉稳、低调、精致、服务，我们一步一个脚印，用真诚和努力打动了所有的合作伙伴，生意渐渐好转。2008 年，我提出了"建设以内容为核心的高校传媒机构"，用升维战略成功赢得了客户的青睐，赢得了高校的认可和主动合作。

与此同时，我们还赢得了上海市教委的合作伙伴权利，用全新的创意打造了"CBA·梵谋杯"上海市大学生篮球精英赛、"中国·志"大学生青年励志话剧《谭嗣同》等经典剧目的高校巡演。我们用赤诚的创业真心和努力拼搏的精神赢得了市场，获得了尊敬。

2010 年 4 月，我带着梵谋文化传媒再度出击，成功在北京设立了分公司。开业庆典我们选在长安街上的北京国际饭店，我的祝酒词是这样说的："我们的事业起步在上海。五年来，我作为梵谋文化传媒创始人，从大学生创业一路走来，感受着公司从无到有的兴奋，体验着拼搏和梦想的快乐，承受着失败的苦楚和闯

老孙与梵谋文化传媒首席顾问陈新华老师（左一），知名学者、《二十世纪名人书法大全》主编、顾问何国栋老师（左二）在梵谋文化传媒 2014 年年会上合影。

荡的寂寞，肩负着公司的使命和团队的期望，憧憬着辉煌的事业和灿烂的目标……无限感慨蕴在心中，人生百味体验万千。曾几何时，当我走下列车，在清晨走出北京站，仰望广场硕大的旗杆上迎风飘扬的五星红旗，那份庄严肃穆的感受至今难忘。曾几何时，当我漫步在清华校园，抬手接住迎面飞来的柳絮，梦想着事业在这里扎根是何等自豪。曾几何时，当我坐在人大的课堂，聆听老师妙语连珠的传媒理论，内心澎湃，无法释怀。今天，我们梵谋文化传媒创立五周年之际，终于走出了这勇敢而骄傲的一步，将我们创业的热情，从此尽情挥洒在北京这片光辉的热土，踏上新的征程……"

那晚，我醉了……梦中我做了一回英雄，曾经受过的委屈和伤痛，都在战场上变成了杀敌的快感和乐趣，我释然了。

创办梵谋文化 11 年后的今天，当公司已经发展成为国内最大、最专业的高校渠道整合运营机构，回首往事，想起那些企图轻易碾碎我们的对手，既激动又感慨。

感谢曾经那个"不放弃、敢于承担又倔强"的自己，感谢团队的不离不弃，感谢兄弟朋友的雪中送炭，感谢合作伙伴的信任和鼓励，感谢竞争对手的"挫折教育"，这些人生经历，也许只有走在创业道路上才能够体会，我想这也是人生成长中一段深刻的回忆吧。

多年后的今天，当我创立"俺来也"时，我一直坚守一个信念："做好自己！"

每个创业者的竞争对手不是别人，而是自己，做好自己，不要陷入与他人博弈竞争的旋涡中去，我们需要把目光放得更高更远，选择价值观正确、最优秀的团队加盟，选择相同价值观和理念的合作伙伴携手同行。

做自己，做最好的自己，每天进步一点点，你会发现，这个世界原本没有竞争，只有吸引力法则带来的共同追逐梦想的乐趣。

记住：成与败，不重要。重要的是，人和企业都要有骨气地活着……

第六章

遭遇中国"好"员工

我遭遇的"好"员工做的那些"好"事

在我创业的这十几年里，很多朋友都跟我说过："绍瑞，你没打过工，你不了解打工者的心态，你也不知道这个社会里的人有多么复杂。"

我承认，创业的路上我为此吃了不少亏，遇到很多让人伤心、气愤、失望、惧怕的人和事。人在事件当中时往往无法自拔，十分苦闷，现在若干年过去了，想想这些都是成长中必须经历的痛啊，不然哪会有现在心头磨成的茧，那么厚实，那么密不透风呢。

今天我就凭着记忆，细数一下那些我遭遇的中国"好员工"：

1. 遭遇"吃里扒外"型员工

那是 2006 年年底的一个下午，那时公司刚刚在 51job 发出新一轮的招聘启事。我们还没有主动发出任何面试通知，行政部小尹说有一位小更（化名）先生，看到咱们公司的招聘信息很兴奋，主动谋求一次面试机会，希望见我一面。

我很诧异，因为彼时梵谋传媒刚刚迈出社会化的第一步，正是求贤若渴的时候，招聘十分困难，竟然还有人主动送上门来？

"快请进！"我对小尹说。

小更给我的第一印象是：眼睛大大的、圆圆的，透露着精明劲儿。头发打着光亮的摩丝，挎着一个公文包，满脸的虔诚和激情。

"孙总您好，我是在网吧看到贵公司的招聘信息，看到后十分兴奋。我太喜欢这家公司和这个新的业务模式了，我很看好，所以就马不停蹄地来毛遂自荐了！我是一名很敬业的销售，我对咱们的高校媒体业务很感兴趣！请您一定给我这个机会！"

"首先感谢你这么看好我们公司，我们才刚刚起步，目前高校媒体还需要让市场有个认识过程，你之前有过类似的工作经历吗？"

"我做过户外媒体销售，我的业绩从来都是全公司最好的……"小更口若悬河。

我当即拍板录用了他，职务是媒体销售经理。

这是本文事件中出场的第一位仁兄。

第二位仁兄小亮（化名）的出场状态略显颓废，面试时坐在我办公室的样子有点像来自美国西部的牛仔，半长头发，胡子拉碴，一双硕大的皮鞋，一个能遮屁股的帆布斜挎包。

凭着对他的第一印象，我原本是要拒绝的，但他开口说话时，又感觉他思路顺畅，偶尔眼中还冒出些许灵光。也许是因为我太需要一位活动执行方面的员工，或是同为篮球爱好者的缘故，我最后录用了他。

两位仁兄一个负责媒体销售和客户招商，一个负责活动策划和执行，分属两个部门。

2006年大家一起创业奋斗，团队还算尽心尽力，二位给公司或多或少创造了不少价值。2007年年初，二位得到了我的赏识，分别被提拔为销售部经理和市场活动部经理。

2007年，适逢我带领梵谋传媒全国跑马圈地的元年，我一半的时间都在外地，上海的生意基本上交由二位仁兄打理。

在快速发展的路上，公司遇到了来自外部和内部的多重压力和问题（在本书相关章节有详细提及），一些负面消息陆续传回上海总部，一时间公司里人心惶惶。

我在面对内外的压力和风险时，越发信任和依靠这二位仁兄。他们对我也是信誓旦旦地承诺，表示全力以赴力挺公司。

随着两位负责的业务部门不断扩展和成熟，由他们招聘、管理的业务团队已经初具规模……

渐渐地，透过对他们部门基层员工的感受，我嗅到了一丝异样的气味。面对具体业务，我慢慢变得无从入手，因为信息严重受阻，原本我签下的大客户也渐渐和我减少了联络频次。

我的精力主要被外围市场干扰和占用，所以一时间无法集中精力处理总部的内部管理事宜，致使公司一步步走向巨大的管理风险。

渐渐有声音反馈到我这里，说小更和小亮私下里联手，将公司的客户拉出去接私活，体外循环了。

开始我是不信的，不相信他们那么真诚的目光，背后却满是欺骗。我甚至一度选择逃避，主动逃避去探究事情的真相，这会撕裂我内心的伤疤……让我至今都难以置信的是，我居然一度选择更加相信和依靠他俩。

我的态度，也彻底让他们放弃了对我的敬畏，加之公司彼时内外交困的处境，他们和团队越发明目张胆了。

那一天，一份描述得十分翔实的匿名揭发报告传到了我这里。

匿名信中写道，梵谋曾经的一个老客户的校园活动即将在某某大学大礼堂举行，承办方就是二位仁兄成立的新公司。举报人提醒我，可以到时自行前往一探虚实。

看完信的刹那，我倍感疲惫，一时间乱了阵脚。匿名信上说的客户，就是那个我早年亲自攻下的大客户啊……

那晚，棒球帽遮掩下的我混进了活动现场。那是一个彻头彻尾的大活动，是一个具有梵谋特色和孙绍瑞教科书般落地的经典活动阵仗。没错，品牌商就是匿名信中的那个熟悉的前客户，最令我呼吸困难的是，放眼望去，工作人员尽是叫不出名字的梵谋基层员工。

此情此景，我伤心、痛心、腿脚发凉。正想转身离去，迎面和俨然老板般的二位当事仁兄碰个正着……

你能体会那一刻我的颤抖吗？我颤抖的手、腿、嘴唇，不由自主耸上耸下的肩膀……

他们万万没有想到我会出现在现场，原本的骄傲在碰到我的一刹那，也如同泄了气的皮球，没了飞扬的神采……

我没有看他们，定了定神，目视迷茫的前路，控制住自己的颤抖，冷冷地说："你们太让我失望了！"

……

后来，他们带着梵谋的部门团队跑了，做着和梵谋一样的业务，与梵谋大张旗鼓地竞争了一年多，彻头彻尾地吃里扒外。

我痛定思痛，进行了一次洗心革面式的改革，重组后的梵谋重新崛起。二位仁兄据说后来因分配不均导致团队离散，终究没能在传媒行业有更好的发展。

2. 遭遇"墙头草倒戈"型员工

2006年，梵谋进行第一次融资，其间历尽惊险，因为两位股东竟然是我们的竞争对手，他们隐藏身份，算计着将梵谋吞入囊中。

我绝地反击，让公司先死后生，终于又从他们手上把股份买了回来。

买回这些股份的钱来自四位新股东，其中一位就是将要出场的这位仁兄——"墙头草倒戈型"，且叫他小强吧。

小强原本是梵谋的一位员工，从外地来到上海，投资梵谋的几十万是从家里借来的。这份相信与支持犹如冰天雪地里的一丝阳光，暖了人心，所以我一直很感激小强。

但这份情谊，终究被一些外部的诱惑腐蚀得面目狰狞。

一方面，小强从一名员工变成公司股东，心理状态发生改变。我有过类似的经历，知道那种感觉，就像人在微醉时带着亢奋的飘飘然，自我感觉良好，但很容易就被脚下的石头绊倒，摔得头破血流。

另一方面，与小强一起投资梵谋的另外三位股东，要么自己有钱，要么家里有钱，几个人在一起就是一个富二代的聚会。这样的氛围中，我也一度沾染了些享乐主义习气，小强更是一头扎进其中，眼界、生活习惯皆被影响。

安逸的生活是一锅温水，我们是匍匐其中的青蛙，创业奋斗的热情越来越低。当我惊觉后，似一股电流直击神经，纵身一跃逃了出来。我睁开了眼，思绪无比清晰，在心里做了个决定：进一步清理股权。

后来，公司陷入混乱，四位股东各怀心思，有人只看公司是否赚钱，有人只要无压力有工资拿就行，另外一位股东 A 野心渐长，想要掌控公司，小强则受到 A 的极大影响，对我倒戈相向。

一场暗流涌动的较量激烈上演，后来我才知道，A 向小强许下很多承诺。于是，他们连成一线，谋划着收购另外两名股东的股份，想把我赶出公司。这场博弈中，公司上演了很多不可思议的董事会，一地鸡毛全搬上董事会，各种明争暗斗，我被拖在这旋涡中疲惫不堪。

其实，在漫长的人生中，你总能看见诱惑迎面而来，它朝你挤眉弄眼，如果你大喜过望，便不会觉察到它暗藏在衣服下面的暗箭。后来，A 和小强的谋划被拆穿，我分阶段把四个人的股权全部买回。小强离开了公司，也未得到 A 曾给他的承诺，从此淡出了我们的视野。

再后来，听说他回老家开了一家理发店。

3. 遭遇"商业骗子"型员工

2009 年，公司业务急剧扩张，迫切需要一位有实力的销售副总。有人给我介绍了 L 先生，说他是一个特牛的 Top Sales，跟中国电信和格林豪泰的关系特别好，还和某位国家领导人的孩子熟识。

嘿，这么厉害的人！我喜不自禁。

L 先生长得胖乎乎的，我们第一次见面，他说话的口气就非常大，一口气列举了好几个非常重要的户外传媒公司，声称这些公司的几个重要单子都经他手，他也正在筹备一个新公司。

我也确实听介绍人说，他准备和 L 先生合伙开一个新公司。

这气场，说实话完全把我镇住了，我迫不及待地向他发出了 offer。

一进公司，L 先生就大肆宣扬他和当时某位国家领导人的儿子关系很好。我有几个兄弟，听闻 L 先生竟有这种常人难以企及的人脉资源，纷纷请他吃饭，指望着他帮自己办一些事。L 先生也借此劝酒："×××（领导人的儿子）就在旁边的包厢，看我们喝酒是否实在！"每次，大家都喝得酩酊大醉，最严重的一次，一个兄弟在医院打了三天点滴。

不到一个月，L先生就给了我一个大大的惊喜：与中国铁通签了一份300万的广告合同！这对于当时的梵谋来说，价值极大。

又不到半个月，一份30万的合同摆在我面前，合作对象是格林豪泰。

这兄弟果然实力不凡！我心里高兴得很，觉得吹在脸上的风都是快乐的。

打电话告知父亲，父亲更是高兴得专程从老家到了上海，要见一见这个副总。东北人好客，父亲把L先生请到家里吃饭。那顿饭两人相谈甚欢，酒也喝了很多。父亲是一个重情豪爽之人，为了感谢L先生，醉意朦胧的父亲说："小L啊，你看你给公司做出这么大的贡献，我特别感谢你！我也没跟绍瑞商量，就把他10%的股份赠送给你了……"

听闻此话，L先生扑通一声就跪地上了，热泪盈眶地说道："我父亲去世早，就让我认您当干爸吧！我一定好好地扶持绍瑞把生意做下去……"

这场面就如同演电影一般，我和父亲着实没有遇到过，不知如何是好，便也答应了。我心想：有个结拜哥哥也挺好的吧。

第二天，L先生硬拉着我去杭州的岳庙，我们在岳飞塑像前郑重其事地结拜为兄弟。

随着时间的推移，整个事情的怪异之处开始显现，L先生的合同，广告画面迟迟不上刊，一个月、两个月、三个月，到第四个月即将年底，预付款却一分钱都没收回来。问他，他有各种理由来搪塞，甚至利用一些新闻来蒙骗我，比如：携程现在正在打官司，格林豪泰马上就要被收购了……

另一方面，我开始听到一些风言风语，说L先生忽悠公司渠道部几个掌握着资源的部门主管，劝说他们离开梵谋，合伙在外面成立新的公司。而在这几个月中，L先生已经通过公司平台接触了很多大客户，包括中国电信、统一集团等。

我嗅到了一点点异样，但我不愿意去相信，父亲更是死活不相信。

直到有一天，统一集团高管、也就是现在"俺来也"的创始人之一刘群智找到我，说："你们公司副总专程找我好几次，让我不要把业务给你们公司，说他们在外面成立了一个公司，希望合作。"

真相像一块坚硬的石头突然砸向我的胸口，让我喘不上气来……我才发现，那信任竟是谎言编织成的绳索，套在我的脖子上慢慢勒紧，只差最后一道力气。

我急慌慌地和公司法务一起找到中国铁通的负责人。

"这就是一场骗局。"该负责人说，"L先生从来没和我们公司签过一个300万的合同。"

我的心沉到了谷底，立马拿出合同原件给他看。

"这合同连章都不对，公司名称也不对。"

"那你当初为什么要跟我们吃饭？"我疑惑地问道。

"他欠我个人两万块钱，说可以介绍一个高校渠道给我认识，可以帮我做生意，所以我才跟你们吃饭的啊……"原来他是在两头骗。

再去格林豪泰，得到一样的答案。

介绍我们认识的中间人，也被L先生骗了。

事情败露，L先生逃之夭夭。通过法律途径，他最终被抓住，无偿退还给我股份。

但这件事的余波久久停留在心里，让我感到无比累，怎么就一波未平一波又起？很长一段时间，我都不愿意去思考这件事，好像不去想就能隔离些什么。

4. 遭遇"中饱私囊"型员工

L 先生的事情正在处理的那段时间，我经人介绍引入了合作伙伴小皮（化名）。他以一个比较便宜的价格买入梵谋部分股份，成为公司董事、销售副总经理。

入股梵谋前，小皮跟我说过，他自己也有一个广告公司，但是是做其他业务的，与梵谋的业务没有竞争。"我那公司的业务量很小，加入梵谋后，那个公司我就基本放着不管了。"

我想，这也无大碍，就同意了。

那个时候，公司在校园市场的开发势头正猛，拥有很多大客户，我都交给小皮去维护。一段时间后，我时常听到员工说小皮在跟客户接触的时候，除了沟通梵谋传媒的高校业务，还会沟通其他业务。

当时我的心思都放在处理商业骗子 L 先生的事情上，也有赖于他给公司带来了业务，便没太追究。

但事情往往是，你不追究，它便愈演愈烈，直到无法控制。

后来，公司陆续进来几个新人，我也没对他们做尽职调查。这几个新人一进公司就走得很近，老员工反映说这些人都是小皮自己公司的人。

"这种事不太可能吧？"我虽然说出这句话，但事实上是拿一块遮羞布掩盖自己内心的惶恐，我想睁一只眼闭一只眼去逃避。

一段时间后，公司又招募了一个女孩，工作能力很不错，我打算重点培养一下。上班不久，一连几天她都说身体不舒服。当时同样有人说这个女孩是小皮公司的人，我还不相信。

那天，我让助理送点水果去看看她，结果她人不在家，不料返回的路上撞个正着，这个女孩和公司另外几名员工走在一起，手里还拿着文件夹。

助理告诉我后，我才开始认真去思考一连串事情的可疑之处。

事情彻底暴露是在一次坐电梯的时候，那天电梯在 16 楼停下，进来两个人，我一眼便看见是梵谋的员工。因我站在人群后面，没被他们看见。

我很奇怪：公司的员工怎么会跑到 16 楼？

于是我到 16 楼暗访，看到小皮公司的刹那，整个人如遭雷击一般，木然地站着，随后是慢慢恢复的痛觉，心一瞬一瞬地揪紧，有些透不过气来。

原来，在我不管不问的态度下，小皮为了节省时间，竟然干脆将自己的公司搬到了梵谋楼下，员工拿着梵谋的工资，干着两边的事情。那时，小皮所掌握的客户资源已经支撑他成为公司业务量最大的人，这一招釜底抽薪，意味着刚刚发展起来的公司又要被掏空……那种崩溃的感觉，也正如一首歌所唱的那样：感觉身体被掏空。

我隐忍着愤怒找小皮谈判："你跟所有你们的人说清楚，如果他们想跟你一起干，从明天起全部离开公司，如果他们想留下来，我既往不咎，但我们不能一起合作下去了。你的股份我可以溢价买回来，但不会溢价太高。"

做到这份上，我自认为已经仁至义尽。而我之所以愿意接纳那些员工继续留在公司，是因为毕竟我也培养了他们很长时间。但没想到的是，大家都非常决绝地离开了。我特别记得一个男生，他的表情充满傲气和不屑，意思是说："我们这帮人都走了，你还混个屁啊！"

整个团队三分之二的人，一夕之间全走了，只留下一片狼藉空荒。我怔怔地看着，仿佛落荒而逃的不是他们，而是我。

这就是大学生创业者的窘境。后来我思考，我所遇到的这些事情看上去是偶然，实则是必然。因为你没有资金，所以就要找资金，那就必然会遇到各种各样想通过资金来霸占你的资源的人。你没有团队，特别渴求经验丰富的人才，但比你年龄大、比你有阅历的人，又怎会甘心给你打工呢？

5. 遭遇"职场老菜皮"型员工

2010年，公司正好缺一个策划，几个行业内的人士便给我推荐，我相中了其中一个原来供职于一家老杂志社的主编老方（化名）。

老方第一眼看上去文质彬彬，颇有学问的样子，还写得一手好字。他来找我的时候拿了一个老杂志社的任命函，以证明他确实是杂志社的主编，我给了他策划总监的职位。

老方的第一个策划案，我给了他半个月时间，结果到了一个月他还没做出来。那时候公司办内部报，我就说："算了，你就把企业内部的梵谋报给弄一弄吧。"

接下来的事情，真是让人气愤至极又啼笑皆非。梵谋报的事情不见他做出任何东西来，不管我怎么说他，他都温暾地回答："好，好，好。"每次开会，我说一半，他说一半，全是强词夺理的废话，实际上什么活也没干。

每次我忍无可忍生起辞退他的念头时，他都以各种理由和借口来搪塞。我鬼使神差地想：我就要看看这个人到底怎么回事，到底能不能做成个事。

就这么反反复复过了半年，老方就真的一件像样的事都没做出来。有一天在会议室开会，忘记了具体原因，只记得我当时被气得额头上青筋直跳，抄起杯子狠狠地摔向地面，指着老方怒吼："你赶紧离开我们公司，我不想再看见你！"

这是我头一回对员工摔杯子。

老方离开后，一直找我要他当初给我的那份杂志社任命函。我找了半天没找到，他就一直跟我缠，说这个是他的人生荣誉，大概是想拿着任命函再去忽悠别人。

职场上，像老方这样的老菜皮一定不少，他们曾经有一点点职位，伪装成一个成功人士，但最后做出的事情却是完全相反的。所以，年轻创业者一定要擦亮双眼，不能被所谓的资历蒙蔽。

6. 遭遇"倒打一耙"型员工

2012 年，梵谋进军校园杂志领域，收购了一家杂志社。这家杂志社的业务能力已经非常差，年年亏损，老板的附带条件是保留原有员工。

这个老板创立杂志社已经九年了，同为创业者，我深知其中的不易，同时也考虑到团队的稳定性，答应了他的要求。

收购杂志社时，团队中有一名女员工小津（化名），刚刚怀孕一两个月。孕期才三四个月的时候，她经常说不舒服，就不怎么来上班了。本着人道主义精神，我也不说什么，默许，容忍着。

直到她生完孩子后，哺乳假也休完了，还是不来上班，偶尔来上班也是打完卡就走，完全无视公司的规章制度，对整个公司的氛围影响极坏。

我再也忍不下去了。从她与梵谋签约，总共就来公司工作过一两个月，公司白养了她那么长时间，我打算按照劳动法跟她解除劳动合同。

小津找到杂志社前老板告状，说收购公司时保证了留下员工的，现在公司要跟她解除劳动合同。"这个员工太不像话了……"杂志社前老板听了缘由，便也作罢。此路不通，小津又把老公叫到公司里闹，后来又跑到税务局去告公司偷税漏税，想来个鱼死网破。

当时，公司确实有偷税漏税，但都是员工自己主动提出，为了拿到手的工资更高一点，如果是 6000 元工资，便按 4000 元来交社保，另外 2000 元提供发票。公司帮员工避税，最后反倒落下把柄，被员工倒打一耙。这事儿，我当时是怎么也想不明白的，觉得冤屈极了，却无从辩白。

而那时，梵谋正在筹备上市的事情，各方面都很敏感。被小津这么一闹，上市的事情也黄了。

后来我想明白了一个理儿：打铁还要自身硬。这世界，像小津这样的员工有很多，我们不能把原则押宝在道德标准上。之后，我对公司进行全面规范，一切事务都要制度化，再不允许员工避税。

7. 遭遇"职业小偷"型员工

2009 年，我从逆境中站起来，购买了人生中第二辆车。做 B2B 业务，总是要迎来送往，便需要一个司机，小江（化名）就在此情境下出场了。

小江来公司面试两次，只面试总经理司机。当时的 HR 还不像现在这么专业，让小江蒙混了进来。小江进来后，我总感觉车里或多或少会丢一些东西。开始我以为也许是自己年龄大了，脑子记不清楚，便没太在意。

我决定做一个测试，在车后备厢里放进三部手机，都是送礼用的。半个月后，手机少了一部。我开始疑心小江，提醒助理关注一下这件事。

再后来，我有一台笔记本电脑放在后备厢。至此，小江已经陆续拿了很多东西了，怕事情败露，想最后再偷一次。那天早上六七点，小江把自己的车开到公司楼下监控器看不到的地方，然后到地下车库打开我的车子后备厢，若无其事地拿走了电脑。

当我发现电脑丢了的时候，小江也正好辞职。我已经对他有所怀疑，调出车库监视器，证据确凿。

我本打算报警，不料小江一点也不慌张，反而态度强硬。他掌握了我的很多行踪和信息，比如家庭住址、家庭情况、生意往来，以此威胁我。呵，原来是个职业小偷。最后，我们私了了。

我还遭遇过一个职业小偷，只来了两天，就把我车里的东西一扫而光。

总结我所遭遇的这七种员工，这些问题的产生并不全是员工的错，更多的是创业型企业的无奈和自身发展所必须经历的血和痛。

究其根本，原因无非以下几条：

① 创始人自身阅历有限，轻信承诺，妄想不劳而获；

② 创始人缺乏实力和感召力以确保自身在组织中的绝对权威，有不敢承担之嫌；

③ 创始人疏于公司内部流程管理和有效管控，内控机制做得不够到位；

④ 创始人识人、辨别人才的能力不足，感性代替了理性的判断；

⑤ 创始人过分授权，致使最亲近自己的人成为最大的获益者和背叛者；

⑥ 创始人处理恶意劳务争议时缺乏经验和自我保护意识，对于依靠法律保护公司权益的意识防范不足；

⑦ 创始人对关键人员入职和 HR 对关键岗位的背景调查不足，导致巨大风险。

而关于企业与员工的关系，我认为是船与水的关系，相互依存。所以，企业创始人应该营造一个窄口经济，明确整个公司的价值观和文化，明确公司的愿景和使命。在此基础上，与企业价值观符合的人进，不符的人出。

乔布斯寻找人才的态度我特别认同：他刚创业时只找到了五个人，这是他用最大力气找到的五个顶尖的人才。反观梵谋，在创业之初因为没有人，又急于快速膨胀，所以招了一些看起来很能干的人，而这，是一个极大的误区。

以上的总结，都是一次又一次极其痛苦的撕裂。但你必须去撕裂，探究深层的原因，因为那痛苦是火焰，将血泪烧筑成了铁甲钢拳，你穿上它，将无坚不摧，朝着岁月狠狠出击。

第七章

你是老板，对，但是你一直没有钱

讲述我创业饥一顿饱一顿的故事

你以为老板自由多金，每天觥筹交错，住的不是大平层就是大别墅，进出都是豪车，今天在世界上最繁华的城市纽约，明日就在广阔无边的非洲大草原……

别人的生活看起来都很美好，只有老板自己才知道，这光鲜的外表下隐藏着一颗怎样不安的灵魂。当别人携家带口四处旅游，你在为员工工资焦头烂额；当别人潇洒购物时，你奔波在筹资的路上。

你是老板，对，但是你一直没有钱。

这，就是我创业前几年的常态。

大一做君惠卡项目失败，父亲给我的几万块钱亏了个精光，家里便再没有人支持我创业。

"家里是送你去上学，不是送你去创业的，这次创业失败了，你就省省心，赶紧好好上学。"母亲一脸嗔怪。

2005 年，创业的火苗再次在心里蹿起，我创立梵谋传媒。知道家里不支持，我也没告诉他们，用父亲打给我的一学期生活费——6000 元，就搭炉起灶了。

对，这是一个白手起家的故事。

但当时的我并不知道这有多难，只是靠着一腔热情，连公司怎么注册都不知道。某天在报纸中缝看到一个代理注册的广告，兴奋不已地打电话过去，花了 1200 元让他们代理注册了公司。

剩下的几千元，用来租房子。华东理工大学附近，一个叫凌云新村的不起眼的小区，一间 40 多平方米的房子，安放了我的梦想。房租每个月 1200 元，付二押一，还简单把房子装点了一下，然后身上就所剩无几了。

那个时候，梵谋尚是一个项目制校园活动公司，做一个活动，甲方先打给我们预付款，然后用预付款作项目成本，再给员工发工资。没有项目也就没有资金，所以那个时候，我和老封、一峰、雅楠、张默几个同班合伙人，像打了鸡血一样，不知疲惫、斗志昂扬地混进一个又一个 CBD 商务写字楼，去找合作客户。

那段创业初期的拼搏日子，艰难而又快乐，是风霜岁月中最温暖的惦念。

时间进入 2006 年夏天，我寻求公司的转型，历经千难万险拿到了买断上海高校餐厅广告位的合同协议，5 年需付 500 万。那时候，我做项目赚了几十万元，加上父亲从亲戚朋友处借来的几十万，付清了合同要求的第一次付款金额 45 万元，大有四两拨千斤的胆识。

剩下的几十万，用于项目启动，上海 22 所高校餐厅空空如也的白墙，一夜之间挂满雅韵流动的"中国·志"水墨系列公益宣传画，轰动一时，但公司账户也真的空空如也了。

安装好设备，然后开始去找广告商，但广告商一般都很强势，要求先做广告后付款。

所以那个时候，梵谋文化的 B2B 业务类型，所有环节都要公司先斥资，导致公司一直都处于负现金周期的状态。每月 15 日之前，我基本上就没影了，不在公司出没。后来助理小尹跟我说过，当时真怀疑我这个老板靠不靠谱，怎么一到发工资人就没了。没人知道，那几天，我在外面四处奔波筹钱。

我一直坚持着一个原则：不论公司有多难，都要按时给员工发工资。数十年保持下来，公司没有一次迟发员工的工资。

后来，公司慢慢发展起来，日子过得还算滋润。如果公司只在一个城市发展，也许我们可以一直享受这种舒舒服服的状态。

但谁又知道，如果我们不发展不迭代，又会不会死在明天的曙光来临前呢？我选择向全国扩张，立志做中国最大、最专业的高校传媒机构。

这个决定在当时根基尚未扎深的情况下的确过于盲目自大，也自酿了许多苦果，但其方向无疑是正确的。当时，我一连在全国开了70家分公司，现金流极度压缩，没钱的日子再次来临。

2007年年底，公司遇到巨大危机，我忍痛关掉所有外地公司，卖了年初刚买的人生第一辆车给公司抵债。2008年，金融危机如洪水猛兽般袭来，公司在内外交困的局面下，面临分崩瓦解的风险。雨夜，滴答的雨点，昏黑的天光，散发出孤寂的凉意，我万般无奈拨通老封的电话，借一万块钱……

而那时，我的许多同学经过一两年的奋斗，已经开始买车。人家买车我卖车，那个巨大的反差，真是狼狈。

2009年，公司发生股权纷争，买回几个小股东的股份后，公司的资金又不够了，银行又不肯给我们贷款，走投无路下我第一次借了小额贷款公司的钱。利息高得吓人，月利息3.5%，也就是年利息要达到40%，借100万一年要还40万利息。我的心揪得厉害，但没办法，必须保证公司活下去。

小额贷款成本太高，我不敢贷太多，于是又把房产抵押了，用于投入公司运营。也是在那一年，我结婚了，真正的裸婚，车子卖了，虽然还有房，但当时的窘境让我没信心住在里面，就把房子租出去了，我们也在外面租房住。

还是这一年，公司终于得到了银行的支持，获得 400 万贷款。这 400 万元，一部分用在市场，一部分用来更换器材设备，将原来的框架广告换成了数码显示屏。

2013 年 1 月，大街小巷已处处散发着年味的喜庆，梵谋接了一个首届上海大学生原创音乐大赛的总决赛活动，堪称当年全上海市的大型活动，整个投资上百万。

本来我们胸有成竹，因为我们在 2012 年已经得到了第二家银行的支持。2012 年 12 月 30 日是我们首期 500 万贷款的到账期，一般情况下，只要按期把这笔钱还进去，便可再续贷出来。

年底，贷款给我们的第二家银行支行换了行长，离账期还有半个月，突然接到她的电话："现在年底了，银行都在回收资金，你看能不能提前半个月还款，还款后一周之内我再把钱给你贷出来。"

当时是公司资金最紧张的时候，银行催还款，而客户公司又拖着账款希望年后再给，2013 年 1 月 10 日，还有另一笔第一家银行的 400 万贷款到期。

按照这个行长的承诺，在 2013 年年前我们就可以得到续贷，

2013年1月5日，首届上海大学生原创音乐大赛的总决赛在东方艺术中心顺利举办。来自华东理工大学的李文慧、朱敏捷以一首《谁在我心间》获得本次大赛的冠军。原中宣部副部长龚心瀚和上海市教育委员会主任薛明扬共同为大赛夺冠选手颁奖。

完全不会出现资金链断裂的情况。但我们提前还钱后，一周内续贷的承诺完全没有兑现。

我焦急地打电话询问，对方搪塞说缺材料。12月20日，续贷仍不出来，我开着车就去了贷款银行的上级单位，一问，人家说根本没收到材料。我瞬间火冒三丈，一溜烟把车开到了支行，也不管预约不预约的礼节，直接冲到支行行长办公室："说好的一周，你们怎么这样呢？我到你们上级单位，分行根本没收到你们的资料。"

"我们还没报上去。"她直说。

"为什么不报呢？"

"现在银行紧缩，贷款可能不会放给你了。"

"那你为什么当时承诺我？既然你不想放给我，为什么不告诉我，还让我们补充这个材料那个材料。"我咆哮了起来，"你们这种行为是要害死一个民营企业的，你们这种银行我们永远也不会再合作。"吼完，"嘭"的一声，我摔门而去。

12月20日一过，1月5日就是上海大学生原创音乐大赛的总决赛，1月10日要还银行的400万，1月15日又要发工资，累计上上下下要一千万，而我利用所有的关系也不过能借三四百万。我一筹莫展，日夜寝食难安。

生死存亡一线之间，最关键的时候，我给我的创业导师、香港瑞安集团主席罗康瑞发了邮件。电话那头，他说无偿借给我资金的那一刻，我的眼泪瞬间夺眶而出，滴落在电话机上清脆作响。在他的帮助下，企业终于度过这次危机。

经过几年的深耕，到 2012 年、2013 年，公司已经实现了我当初的豪言壮志：成为高校传媒的全国老大，缓解了一定的发展压力。但下一瞬间，整个传统媒体行业的衰败之潮就汹涌席卷而来，传统户外媒体急剧滑坡，电视、报纸、杂志一蹶不振，高校户外传媒岌岌可危。

我焦急万分，如同热锅上的蚂蚁。高墙围困，人不能死在里面，只能寻找出口，我生扒出一条转型的路。2014 年，笑得商贸公司、开心茄子网络科技公司相继成立，一个做校园电子商务，一个做校园的销售渠道，以此形成校园整合营销的闭环，从帮助企业做广告，到落地的活动执行，再到线下销售渠道的布设、电子商务的销售，提供给客户一条龙服务。

很不幸，这次试水并没有帮梵谋抵御住寒流，反而在不断地烧钱，导致梵谋现金流紧张。当时开心茄子投入 300 万，笑得商贸投入 100 万。投资开心茄子时我就想："就拿 300 万，就这么多了，成了就成了，不成就不成。"

没想到，开心茄子只用了七个月就把 300 万烧完了。那段时间，每天战战兢兢地看着账户数字日益消耗，却不见一分利润，心疼得像有刀插进来。最后关掉开心茄子时，真有一种落荒而逃的感觉。

这就是生活，谁都无法预料明天会怎样。

所以，在创业的道路上我选择不断迭代，即使失败也不曾后悔，不曾沉溺于一城一池的得失，不曾因为在钱上的得失而停住奋斗、探索的脚步。

也正是因为这两个公司的试水，才有了今天将两个公司模式合二为一的"俺来也"。

你看，生活一定会给予你的努力以回应，即使不能立刻兑现，也会在未来的某一时间让你豁然开朗。

2014 年，开心茄子网络科技公司成立，第一家体验店营业。

这篇文章是写给自己的，也是写给年轻人的。我走过 11 年的创业之路，深深明白，创业这条路绝非是你梦想中的有钱人的生活，它不单没有让你的个人财富快速增长，反而会让你背负上沉重的包袱。你要面对的是随时可能降临的失败，是对员工、对股东负责的重重负担，是团队向前奔跑的包袱。这也是一直缭绕在我这个创业者心头的三个词：责任、发展和梦想。

所以，创业的路上，你首先要想的不应该是你能挣多少钱，而是你能承担得起赔多少钱。这一路上，一定是九死一生。

我从一个家里不缺钱的年轻人，到走向创业道路一次又一次面临生存的困境，一次又一次挣扎在生活的谷底，依然坚持下来的原因是：内心深处蕴藏着那个清晰的梦想。

因这梦想，我历尽苦难得到撕裂般的成长。因这一切经历，将我引向生命的更深处。

我不后悔。

第八章

创业者面对资本要有尊严

俺来也 A 轮融资的惊险历程

创立"俺来也"时，已经是我创业第九个年头。

当了九年的老板，说实话放下脸来为项目找投资、找风投，还真是件煞面子的活儿。硬着头皮疯狂见了三十多个投资商，这其中有一半是拒绝的。与知名投资碰面就如同地下党接头，辗转几站终于见面，结论居然让我涨红了脸："这都什么年代了，还拿一个 PPT 出来骗钱，你以为一个 idea 就可以拿到投资吗？就算拿投资也应该拿天使啊，找 × × 老师去啊，找我干吗？"说完，走了。

创立"俺来也"之初，找第一份投资真的不容易，印象很深，对我锻炼也很大。但是有一个信条我一直保持得很好：腰板很直，很讲原则，很相信自己的判断。用他们的话说："又臭

有想做的事，有值得爱的人，有美丽的梦
Some thing to do, some one to love, some thing to hope for.

2015 年 3 月，俺来也取得第一轮战略投资，创始团队举杯庆祝。

又硬。"

　　还好，最后我遇到了老白，分享投资的董事长。那天他专程从深圳来找我们谈，一个人来的。和他第一次见面便敲定了投资，1500 万元。后期有两家跟投。"俺来也"pre-A 轮融资就这么敲定了，一个近乎完美的开端。

　　当然，可以这样说，我们实际上是拿到了移动互联网尤其是 O2O 行业高速爆发前的最后一张船票。

　　在梵谋文化传媒九周年的年会上，我狠狠地用"老孙 cos 秀"

把融资途中遇到的奇葩人奇葩事戏剧化演绎了一番，好不痛快！

3月4日、5日，两家竞争对手相继发出了融资成功的消息，那个时候"俺来也"全国只有两家店，是市场上规模最小的，团队的气氛都有些凝重。我憋着没说话，期待着合适的时机。2015年春节过后，我们提出了"大战18天"的口号，要求在春节后的18天内，在全国9个城市，同一天开业36家店铺。18天啊……商品采购、仓储、物流、招聘、找店面、装修、上系统、做培训，简直是一件不可能完成的任务。

就凭着团队多年来对我的信任，和大家"大战18天"这阶段性看得见摸得到的目标，我们真的做到了！

3月15日，《创业家》杂志搞了一个"诚信融资额"公布活动，我看到了机会，相信这是一个很好的曝光渠道，我们报了名，公布了我们2630万pre-A轮融资额。市场部的Iris追加说，老孙你要不举个牌子，写句话，我给你拍张照纪念一下，也给《创业家》杂志发过去。于是我便提笔写下了这句："没空吹，市场上见！"

我把牌子拿在胸前，咔嚓，一张经典的照片诞生了。

没想到，这张无心为之的照片居然成了"诚信融资额"事件的亮点，70家参与的创业企业，我们排在第一位，我的照片清晰地成为文章标题下唯一的照片代表。

"俺来也"
绝对领先的大学生O2O平台
Pre-A轮融资：2630万元人民币
"俺老孙来也！
没空吹！市场上见！"

2015年3月15日，《创业家》杂志社"诚信融资额"公布活动，俺来也对外公布2630万 pre-A轮融资额。

　　3月15日，文章发出，短信微信无数，祝贺声此起彼伏……
3月16日，"俺来也"9城36店同时盛大开业，"大战18天"大获全胜，憋在我和团队心中压抑的情绪爆发了，捋顺了，从此开始了疯狂的西游创业之旅。

　　公司发展得很快，大家群情激昂。转眼间到了乔迁的日子，"俺来也"搬到了腾飞大厦，拥有了一个十分酷的大办公室。因为我喜欢看《华尔街之狼》这部电影，喜欢主人公创业时那种张狂和亢奋的状态，于是在新的办公室，我在大办公区中央安置了一个演讲台，一个从顶棚射向演讲台上嘉宾的探照灯。公司乔迁当天，我站在演讲台上，迎着绚烂的射光，向全体同仁发表了激昂的演讲，多么难忘的一刻……

快速发展意味着首笔融资款正在急剧消耗，新一轮融资要纳入日程了，当然，我们的竞争对手也正在加紧募集新一轮资金。

好消息来得太快，我们刚刚通过融资代理人向资本界发出了我们希望进行 A 轮融资的消息，就有大批投资人前来洽谈。终于，我们迎来了第一家国际级知名 VC 的青睐，第一次见面，对方合伙人便表明了本轮非投我们不可的态度，我们如日中天，也觉得这么顺利是理所当然。

再次见面，和对方中国区老大及所有的高阶管理层面对面开了一个十分正式的会议后，我们在 4 月 30 日拿到了对方盖章的TS(投资意向书)：1000 万美金。

"What amazing！"我们沉浸在欢乐的气氛中。

我曾无数次幻想，当这轮投资敲定后，我会站在公司大厅中央那个被装饰成硕大筋斗云的演讲台上，振臂高呼："我们融资成功了！世界是我们的！"

内心喧闹了仅仅一天……

只要热爱生命 一切 都在意料之中
Love of life

俺来也搬到了腾飞大厦，老孙向公司全体同仁发表了热情激昂的演讲。

5月1日的晚上，我接到了对方紧急质疑的电话。原来是五一期间，对方派出了几路人马去我们已经覆盖的学校踩点，其中一所学校是这家机构几位老大的母校，在浓重的母校情结下，他们一行人马深夜行动前往测试。在测试中，他们发现这个店铺仅营业到九点半，他们没有成功下单，于是质疑声扑面而来……攻势一波接着一波。

我当时和家人在杭州，人一下子沉闷下来。我详细解释了这个店铺营业时间的问题，并且强调这不影响我们战略的发展，也不是很全面的调查。事情一直蔓延到整个五一黄金周，团队成员没有一个人好好睡过一个安稳觉。

事情突然进展到僵持期，我给 Bill 打电话，他是 PPTV 的创始人，融资经验十分丰富，也是我多年的好友。他提醒我："这种已经签署 TS 后又踌躇不前的，要让对方给出明确答复：一，继续想投，TS 有效，尽职调查；二，不想投，TS 双方约定无效，你继续再找其他机构。"

面对刚刚飞来的 1000 万美金 TS，选择强势还是需要勇气的。我坐在车里思前想后，终于拨通了对方合伙人的电话："您好，我是'俺来也'创始人孙绍瑞。咱们于 4 月 30 日签署的 TS 约定，贵司锁定期是一个月，这一个月是贵司尽职调查的时间。在 5 月 1 日贵司某某一直在和我沟通关于 ×× 大学营业时间的问题，我们已经给予了全面合理的解释和答复。我相信一个店铺阶段性的营业时间调整不会影响'俺来也'发展的战略，所以我希望今天我们可以在电话里得出一个结论。如果贵司还想投资我们，和我们合作，请尽快展开尽职调查，如果你们觉得有迟疑，不想继续合作，那我们今天约定，这份 TS 取消。"

说这段话的时候，我的腿是凉的。

对方被我突如其来的反攻压制得有点失语……七分钟的通话时间，结论是：愿意投资我们，继续尽职调查进程。

"这一仗，我们算是赢了吗？"我坐在车里望着雾中的街灯，深深地吐了一口长气，"不管如何，还好打破了僵局……"

接下来就是近乎煎熬的一个月，无边无际的数据提报，尽职调查，高管访问，门店深入调查，公司改制办理……团队一边要面对市场，发力进展，一方面又要接待投资商无休止的各种调查，压力十分大。每每在崩溃的边缘，我都歇斯底里地鼓励大家：加油！再撑一阵，我们马上就成功了！

眼看快到5月底，我们召开了全国店长会议，来自全国12个城市共计300多名店长和管理层齐聚上海，大家统一共识，相聚一堂。这期间，我的助理小司没有参加，一直在为尽职调查所需要的数据作准备。最后一天，CEO办公会的三十几名高管相约出行普陀山，一路上虽心头挂念着投资一事，但和同仁们在一起，还是有说有笑。

记得刚到码头，我笑着和八戒、沙僧说："俺老孙来看观音姐姐了！"

沙僧回复道："小心观音姐姐收拾你！"

这话好像应验了。登上船离开小岛的一刻，投资商的电话就打给了我的助理小司。我看她面色凝重，不知道发生了什么事情，就赶忙坐过去一起开启电话会议。因为提供的一个数据有问题，不知道是因为我们统计错误还是什么，这个数据是对方无法接受的，所以态度冰冷得让人无法理解。

电话结束之后，我当即翻出了数据查看，怀疑是我们统计失误造成的……面对突如其来的大波动，我内心是极为狂躁的。一边是群情激昂的团队，刚刚开完誓师大会，一边是来自投资商的又一次深度质疑，命悬一线……

无情的宣泄如雷电般倾盆，我朝着助理小司狂吼："这个数据为什么不反复求证？！"

那是一个十分难熬的海岛之夜，一桌子菜因为我们的中途离席，团队成员没有一人动筷。小司委屈、难过，哭成了泪人。夜半时分，我再次拨通了对方合伙人的电话："我们提供的数据统计出现了错误，目前已经修复，并且发给你们了。不过，我想就这个问题说一下我的看法，尽职调查近一个月以来，我们公司的发展情况您是看到的，我们之间建立的信任关系也不是轻易可以被打破的。为什么遇到一些问题，我们不可以积极地去看问题的发生原因，并且一起去解决？为何会突然之间成为对立面呢？我希望您可以继续支持我们。新的数据请您查看，谢谢。"

电话挂断，我感觉已经精疲力竭，面对两个手持计算器还在苦苦计算的合伙人，我面无表情地说道："太累了，我觉得如果是这样合作的话，未来我们实在是太累了。我们既要创业，还要面对这么忽而热情忽而极其冷淡的转变，我真心受不了。"

八戒和沙僧仍然低着头看着数据，陷入沉思……

"是不是这次普陀山之行，观音菩萨冥冥之中告诉我们，孙猴子，你们好好的中国企业，服务中国大学生，就别拿外资了……"那天晚上，我一直这么安慰自己。

转眼到了五月底，是 TS 约定的锁定期最后一天。对方已经没有了大张旗鼓的动静，也没有任何签约的迹象。我的内心是冰冷的，却还尚存一丝希望。我独自一人徘徊在公司楼下的中庭，鼓起勇气再次拨通了对方合伙人的手机："× 总，今天是咱们约定的 TS 最后一天，请问贵司最后考虑的投资结论如何？"

"现在很多玩家都已经进入到这个市场，据我们了解，你们的竞争对手也在拼命地找投资。据可靠消息，他们已经拿到了大额投资，确实未来这个市场的竞争会更加激烈，而且从数据表现来看，你们还需更加努力。我们觉得投资还是有很大的风险，所以我们可能不会选择主投，可以选择跟投 200 万美金。如果你们还有其他主投的话，当然，我也可以帮你介绍一些……"

"好，如果你们考虑风险，本轮不准备主投，抱歉，我们可能不会接受你们的跟投，谢谢您。"我挂了电话。

创业者不认怂，我们也绝不认可还没上战场就认怂的合作者。

心凉凉的，眼前略微有点朦胧，嘴角却莫名上扬，一丝凉意十足的苦笑。

我知道这可能是九九八十一难中的一难。洗把脸，重整旗鼓，继续奋斗。和几个创始人短暂地开了一个会，彼时人民币市场升温，股票大涨，我们马上做出决定，转战人民币投融资市场。

于是，漫天接触人民币基金。

有了前车之鉴，这次鸡蛋可不能同时放在一个篮子里。人民币基金那时风头正劲，手里有粮办事不慌，出手都相当快，大力，凛然。

这次是在北京，和一家近几年飞速发展的人民币基金接触第二次，就换来了8000万元人民币的TS。对方合伙人愣是把我堵在宾馆大堂签了这份投资意向书，我感受到了对方浓浓的诚意。

在回上海的那几天，另外一家人民币基金也穷追猛打，最后也签约了同等条件的8000万元人民币的投资意向书。

同时接受两家的尽职调查。

转眼间已经进入到六月，这次融资对于我们来说已经成了"成败之战"——融资成功，先竞争对手一步，进入暑假期间的疯狂进攻模式，开打九月全国新生入学之战；融资不成功，缩小规模，苟延残喘。如若竞争对手融资成功，我们就会被动挨打，关门大吉。

紧张的气氛萦绕在创始团队的心头，我一边给团队打气，一边应对着新一轮两家意向投资商的严苛考察。

市场是风云变幻的，股市已经从 5000 点高位渐渐有下滑的趋势，投资界最先感受到了这份寒冷，推进速度不如之前快了。

那家追着我们的投资商，也从上门推销的感觉变成了跷起二郎腿指挥作战的高位姿态。他们团队负责尽职调查的是两位 90 后，可以肯定地说，他们应该是认真、负责、谨慎的，但我也很负责任地说，他们缺乏正向判断失误的能力，而是更多的质疑方法论，这令"俺来也"所有的创业团队都十分不舒服。

时间在消耗，市场动向每天一个变化，成败都在微妙间诞生。

我们一心一意，他们却三心二意。

经历了漫长的 29 天，他们仍然还在无休止地尽职调查，我耐不住性子，直接与对方进行公对公的交流："再过两天就是 TS 的失效时间，请问你们决定了最后的投资决策吗？"

"听说最近美团要进入这个市场，美团是大鳄，你们要不要一起接触一下？"

"美团要进入这个市场是美团的事，我们不太希望接触美团的战略投资。"

"我们可能要针对这个新的情况，再研究一下市场风险，可否把 TS 再延长十天？"

"抱歉，我们不能再延长了。现在已经六月底了，我们要拿到这笔投资，这对我们来说很重要，因为暑假期间我们要拓展，为九月全国开战作准备。"

"我们几个合伙人要商量一下。"

"好，明天是最后一天，希望我们能够合作，创造辉煌！"

接下来就是史上最漫长的 24 小时……

6 月 30 日晚 11 点，距离 TS 失效还有一个小时，彼时，我们还没有得到对方最终的答复，对方还在继续要求我们团队提供尽职调查的数据。

我在和沙僧、八戒的创始合伙人群里说道："我们不可能再给他们延长时限了，明天就七月了，我们等不了。"

"那他们不投了我们怎么办？有下家吗？"

"没有。"

"那怎么办？"

"不等了，我们不能这样被牵着走。"

"好，老孙，支持你的决定！"

于是在最后的 30 分钟里，我发出了如下的短信：

"请问你们最后的决策是什么？我们还有30分钟了。"

"你们真不打算和美团接触一下吗？"

"接不接触美团是后话，先谈我们之间合作的事宜。"

"美团进入这个市场，会改变这个市场的竞争格局，如果你们不接受美团的投资，美团投了你们的竞争对手，那我们投资你们的风险很大。"

俺来也创始人老孙、沙僧、八戒"三个火枪手"的尊严之战。

"你的意思是不是说，美团投谁你就投谁？"

"我不是这个意思，我们几个合伙人还在商议……"

"'俺来也'比美团更有想象空间。"

"……"对方无语。

"这样，我们还是要尊重一下契约精神，还有20分钟 TS 就失效了，请你们在规定时间内给出答复。投，还是不投，请给出最后结论。谢谢！"

"请等一下，我们几个合伙人再商议一下。"

时钟嘀嗒嘀嗒，就如同一根根针扎在我的心头。我知道账上的钱只够维持一个月的了。但我也知道，创业者可以被饿死，但不能没有骨气。

12点的钟声敲响，我在八戒、沙僧创始人群里说道："时间到，TS失效，这一次××资本跪着，'俺来也'站着！"

"绍瑞，没事，我们坚决支持你！"

"加油！我们支持你！我们是最棒的！"

深夜，几个兄弟在群里是这样回应的，一场无声的泪，一段终生难忘的兄弟情。

12点15分，对方回复了暂缓投资的决定，我绅士而充满礼仪地回复再见！

一个漫长又冰冷的仲夏夜……

在最困难的时候，老白给我们提供了一个机会，让我代表"俺来也"前往戈壁参加中欧独角兽众投计划。我们决定发起一个小范围的内部众投计划，主要目的是扩大公司的影响力，看看

俺来也初创团队合影。

是否有新的融资机会。我知道，这次戈壁之行恐怕是最后的机会了。

　　临行前的那个夜晚，我把创始团队叫到了我的办公室，气氛十分凝重，我用十分低沉的声音向大家陈述了我们的现状和拥有的些许希望。大家都选择沉默，没有发言，只是用眼神直勾勾盯着我，那是一种信任的力量，一种无声的支持。

　　第二天一早，我带着希望踏上了戈壁征程，在微信如潮水般

俺来也创始团队合影。

刷屏的支持下，我登上了独角兽众投的舞台，八分钟的路演发挥得淋漓尽致，加上好兄弟姚欣的背书，同学思翾的鼎力支持，最后取得了当天所有六组选手排名第一的成绩，并且完成了超募。

第二天，我们共同行走在茫茫戈壁，感受着风沙如刀割般吹打在脸庞，倾听自己和自己的对话，感悟人与自然的抗争。傍晚时分，我们遭遇了戈壁滩几十年不遇的特大沙尘暴和狂风暴雨，十几顶大帐被连根拔起，吹翻到不见踪影，一分米直径的钢钉从天而降扎入脚边的沙尘，这一切惊心动魄。

一百多名创业者和投资人此时都已经没有身份的差异，面对自然大家想到的是团结一致度过难关，最后大家终于用身体的重量共同压下了一个大帐，在里面成功躲过了风暴。当我们走出大帐，大家都被眼前的景象所惊叹：一道硕大的彩虹从地平线深处隆起，直至穹顶，十分绚丽，十分壮观。

我们仰望着灰色高远的天空，拥抱着七彩绚丽的彩虹，相拥呐喊。

在那个茫茫戈壁之夜，我在大家的祝福中度过了30岁的生日，一个充满丰富经历的而立人生旅途，十分感动、感慨。

戈壁之行，让"俺来也"在中国顶级创投圈和创业圈名声大噪，在回来不到一个星期的时间里，就完成了A轮融资，融资额比我们最早计划的翻了一倍，达到了1.1亿元。

在后面的发展中我们马不停蹄，没有给竞争对手留下任何机会，在团队成员和投资伙伴们的支持下，我们如今又完成了新一轮近2亿元人民币的A+轮融资，并且发展成为中国高校绝对领先的移动互联全生态链服务平台，并朝着我们的战略目标稳步前进。

创业者，是一批最值得尊重的人，是一批宁愿站着死不愿跪着活的真汉子。

回想起团队成员真挚的眼神和委屈的泪水，回想起我们兄弟间热情的拥抱和不离不弃的臂膀，那是怎样的一段刻骨铭心的经历啊！

在路上，请选择真挚，选择梦想，选择携手相信，选择一汪清澈的湖畔，和值得信赖的人，共同划向彼岸……

那红灿灿的理想年代

天海之间透成线，
脊谷之隔薄似绵，
苍茫大地谁舞剑，
唯青年。

顿思勤行梦无边，
闯精正神人翩翩，
谈笑风生岂有怨，
誓问天。

只恋滔滔江水叩心田，
更爱潮起潮落真情间，
无奈光阴飞逝切如电，
尽流连。

片片绵绵，

晚霞间蓦然回首，

那红灿的理想年代，

耀世间。

孙绍瑞

2008 年 7 月 18 日

第三部分

一路
上的
天使

最近几年一直喜欢听"逃跑计划"的
那首《夜空中最亮的星》，
仰望星空，
是一望无际的黑暗，
但只要你不低头，
凝视夜空，
就会看到一眨一眨的繁星，
那是天使
……

第九章

真有"人生中的贵人"这一说

记香港瑞安集团董事局主席罗康瑞先生对我的帮助

人说,遇见贵人这种事就和中彩票一样,全凭运气,但我真的"中"了!

他是香港这片神奇土地上的亿万富豪,是闻名中外、为上海这座城市留存下文化记忆的新天地的缔造者——名声显赫的香港瑞安集团主席罗康瑞。这位儒雅绅士与我这个创业青年的人生,真的神奇般有了交集。

我们的缘分始于 2011 年。

那年,瑞安集团旗下的创智天地与其合作伙伴清华科技园共同组建了 IPO Club 创业之家俱乐部,联合 100 位知名企业家,对青年创业者进行一对一的创业帮扶。罗康瑞作为项目发起者,是 100 位导师中的当家挂帅。

全国近万名创业者报名，我也提交了材料。经过层层筛选，我进入最后的候选人阶段。罗康瑞主席竟然选择了我，我想我一定是受到了幸运之神的眷顾，真的成了罗主席的学生！

2011 年 8 月 2 日，创业之家俱乐部举行揭牌成立仪式，我们第一次相逢，有一种香港 TVB 电视剧中的画面感。

仪式开始前，罗主席和一众成功的企业家聚在一起茶歇，看见我进去，罗主席助理跟他说："罗主席，这就是你未来的学生。"

我走过去，他立刻起身，热情地握住我的手，说："绍瑞，你好啊！我看了你的材料，我是 23 岁创业，你 19 岁就创业了，了不起，了不起呀！"大家哈哈大笑，我瞬间成为全场的焦点。

这让我觉得，就像电视剧里主人公庸常平凡的人生突然得到一位神一样人物的青睐一样，主人公站在神人身旁参加某个高级宴会，从此成为焦点，金光四射。

罗主席在给我授牌的时候还说："你看，我叫罗康瑞，我的学生叫孙绍瑞，我们名字都是有瑞的……"

那种随和、慈祥，完全没有拒人千里之外的感觉，让我受宠若惊。闯荡商场多年，我的脑海里印下了太多成功者的姿态，倒不是说所有富豪都高高在上，但要做到罗主席这般，确是难事。

这是一种对人的关注，不分身份，哪怕在一点一滴的小事上，他也从不让别人感到丝毫窘迫，我们的每一次见面都是如此。

第一次，我去罗主席在上海的总部——淮海路瑞安广场拜访他。他的办公室在最顶楼，一进去，有两个特别大的吧台，一边坐着一位前台接待人员。我说找罗主席，前台的表情都愣住了，以为自己听错了，惊讶地问："你找谁？"

那时的我的确年轻，连自己都觉得能和罗主席扯上关系，怎么都有点不像是真的。

"我找罗主席。"

"有预约吗？"前台终于像是缓过了神。

"有。"

她打电话给罗主席的秘书。

得到确认后，我进去，先是看到一个会客厅，木质的会客台，玻璃罩子下面是各式优雅的印章，每一个印章下面都有文字标注清晰的白色卡片，非常雅致。那场面，让我瞬间感受到了香港电影里大宅门第的味道，

走廊里，来来回回都是脚穿布鞋、上身白衣服的阿姨，很勤快地在偌大的通道里擦拭、保洁。我就在那儿坐下等罗主席，整个人不由得拘谨起来，只坐了椅子的三分之一。

我们约在10点30分见面，罗主席特别准时，到了10点29分，他的秘书张小姐走过来，热情地说："罗主席请您进去！"

再往里走，推开一道很宽很高的门，一刹那眼前豁然开朗，地上全是白地毯，头顶是一个玻璃天井，抬眼即见蓝天白云。大厅中央是一根特别粗大的汉白玉柱子，直直冲过穹顶，我瞬间被震撼到。穿过这个大厅，再推开一道门，便是罗主席的办公室。

我一进去，罗主席从他的办公桌后走出来，就像遇到老朋友一样对我微笑，亲切地说道："绍瑞，你好，你好，快过来坐……"罗主席穿一身经典的英式西装，头发梳得根根精致，眼镜也是锃亮锃亮的，给人一丝不苟、精干帅气的印象。办公室很简洁，一个小书橱，一个约一米五宽的木制办公桌，右前方是一个蓝玛瑙色的圆形会客桌，罗主席把我邀请到这儿坐下。

我隔了罗主席一个位子坐下，他担心我听不见，不是叫我过

去坐，而是自己起身挪到我旁边坐下。他看出我进他办公室后脸上的震撼，就马上说了句："绍瑞，你以后也会有我这样的办公室的。"

那一刻，一种难以名状的温暖淌进我心里。

第一次的见面让我受益匪浅，罗主席赠送给我的瑞安集团的《经营要旨》让我受益很多，他让我明白了做企业，创始人的核心愿景和价值观坚守的重要性。

首次会面结束，我邀请罗主席有机会来我们公司参观访问，他欣然接受。

三个月后，罗主席带着儿子一起到我公司回访。

那时，我的公司在松江郊区，那天还下着暴雨，我想这次他可能不会那么准时吧。我们约在上午 10 点见面，我提早赶到公司楼下等待。没想到，9 点 59 分，罗主席的车出现在我面前，简直像秒表一样准时！我见过太多的人，当他们处于强势一方时，约定的时间可以随时更改，迟到也丝毫不觉得抱歉。罗主席对于时间的尊重和把握，让我十分惊叹和感动。

那天的交流快结束时，他从西服里掏出几张折页纸，折得整整齐齐的。我打开一看，正是三个月前我去拜访他时，他记的笔记。我心头一怔，又一暖。

我拜访他，他听我讲，我讲的是中文，他记的全是英文。我是真没想到，像他这么一个大老板，那么繁忙，还会对我这样于他而言毫无利益联结的人这么有心，提前为此做足准备工作。

这真的是永生难忘的一课啊。

从那以后，我们每次见面后，我都把交谈内容整理成一封邮件发给罗主席，请他指正，而罗主席几乎每次都会在一天之内就回复我，标注需要修改的地方。

罗主席并没有刻意去做什么，好像都是一种本能的平常之举。这种平常之举，恰是一种强大的力量。后来我悟出：这是一种人文的辐射力，它从人的内里温和地散发出来，潜移默化，带给旁人好的影响，也在我心里树成一道标杆。

2012 年年底，我被一家银行忽悠，差点资金链断裂，500 万贷款说不贷就不贷。可 2013 年 1 月 5 日的首届上海大学生原创音乐大赛的总决赛活动需要上百万投资，另一笔 400 万的银行贷款也即将到期，十万火急。

想过一切办法，也无法凑齐所需资金，在最彷徨与无助的时候，我给罗主席发了一封邮件。当时因为眼疾在上海住院的父亲说："你别异想天开了，这是不可能的事。你们萍水相逢，他怎么可能支持你呢？……不要想那些不靠谱的事。"另一边，父亲还在联系家里的亲戚朋友借钱。

我也明白，虽然我们是师生，但这样的事情的确远远超出了我们之间的情分，但这也是没办法中的办法。

没想到罗主席很快就给我回了邮件，跟我约定电话会议的时间。会议的前一天，我把所有设备测了又测。约好在晚上6点钟，我5点左右就坐在电话机旁，忐忑地等待着。5点55分，罗主席的秘书打电话过来："罗主席会在5分钟之后打电话进来。"

6点，电话准时打进来。

"你这个情况真是太危急了。"他说，"你有什么打算？"

"我想融资。"

"那你想怎么融呢？"

"我想用稀释股权的方式。"

"那你怎么作价？"

"公司作价1500万，融资500万，稀释33%的股权。"

罗主席又问了我目前公司的经营情况。

"差不多一年的销售额在5000万左右，净利润有800万到1000万。"

"一年5000万的销售额，那你的公司估值至少是五六千万了，对吧？"罗主席稍作换算，说话比平时快和急了些，"你怎么按照1500万估值呢，你这不是在贱卖公司吗？"

这句话正戳中痛处，我说："现在我在救公司，没办法，如果过不去这个坎，公司就会进入到恶性循环。"这些话，一字一句如针扎心。

"绍瑞，这样吧，如果你真的缺这几百万，我就支持你一把，给你几百万。"

"那，那你是要投资我们吗？按照我们刚才说的。"

"不是，我不希望在你最困难的时候，以这种方式来支持你，也不想在将来你成功了，别人传出去说罗康瑞在他学生最困难的时候占人便宜，我就是真心地帮助你。"

"这是真的吗？"紧绷了半个月的心，终于在这一刻松了下来，一股辛酸又温暖的气流涌到喉咙，我几乎带着哭腔，兴奋地问。

"真的。不过我是外资背景，怎么在短时间内把人民币给你，我还要思考一下。今天的会议，咱们先到这儿，你放心吧。"挂上电话的瞬间，我的眼泪就抑制不住，"吧嗒吧嗒"掉在电话机上。

罗主席公司在大陆的负责人第二天就给我打了电话，然后见面，问我需要资金的最晚时间。我说："1月4日。"

接下来就是罗主席的团队争分夺秒地助推我们的时候。

时间一分一秒地过去，我是既兴奋又异常紧张，眼看就要到最关键的时刻了，双方还在积极推进各项手续。

到了1月4日，下午3点21分，"叮叮"，我的手机响了，打开屏幕，一串巨额数字映入眼帘，500万入账了……

眼泪再次流过我的脸颊……

我立即到医院告诉父亲这个好消息。父亲的眼睛刚做完手术，眼睛上还蒙着白色纱布，他一听说，身体像弹簧一样嚯地从床上弹起来，嘴里念叨着："好人一生平安，好人一生平安……"

另一边，1月5日，首届上海大学生原创音乐大赛总决赛如期在东方艺术中心闪亮登场。看着同学们神采奕奕地登上舞台，秀出自己青春的音乐，我心里异常温暖。

有谁能知道这舞台背后的心酸呢？

1月10日，另一笔400万贷款顺利还款，然后又顺利续贷，1月15日按时给员工发了工资。

整整一个月，跌宕起伏。整个过程命悬一线，惊心动魄。整个团队，除了助理小尹，没人知道公司发生了什么事，音乐大赛现场歌舞升平。

人生的道路上总会有那么一些时候，纵然你用尽全力挣扎与努力，结果都是徒劳。我是幸运的，在这样的时刻，得到了罗主席的帮助。有一句歌词："如果没有遇见你，我将会是在哪里？"这是写给恋人的，却最能表达我对罗主席的感激！

可以说，我的老师罗主席就是我最大的恩人。

2016 年 6 月，老 孙 和
恩师瑞安集团董事局主
席罗康瑞先生在瑞安集
团总部会面，学习"利
润""顾 客 关 系""人
力资源伙伴""管理艺
术""机构文化"等。

这些年，我跟罗主席一直保持着高密度联系，我有什么问题都会发邮件问他，包括寻找新的合作伙伴、对市场的困惑，无一不从罗主席那里得到了许多启发。

2015年上半年，我再次约他见面，结果罗主席说请我吃饭，我大为震惊与惊喜，那是他第一次请我吃饭。罗主席表达这个邀请的语句不叫"请人吃饭"，他说"跟我共饮午茶"。

他约我去他的私人会所，在新天地，叫新天地壹号。那个地方是不对外开放的，我去的时候，很多游人都在门口合影，外围已经被封起来了。见我要进去，很多人就说："哎，这里面不让进的。"

"我可以进。"我说，然后就往里走。看到保安放我进去，后面的游客一片诧异。

三楼，门上写着三个字：普京厅。我心里一震，这个地方正是罗主席曾宴请过普京总统的地方，因此命名为"普京厅"。一进门，我看到一个大概能坐下六七人的桌子，只摆了两副餐具。很明显，一副是罗主席的，一副是我的，心中顿生感动。

12点，罗主席还是同样准时出现。美味的菜肴上来，我顾不上吃，想记下罗主席说的每一句话。他见此赶紧招呼我："绍瑞，你吃饭啊，这么好的菜，多吃点，不要浪费。"

"老师，你就让我浪费点菜吧，我还是希望多听听你说话。"

实在是因为，每次与罗主席交流，我都深刻体会到可以向高处再走一步。

彼时，罗主席已经是香港贸易发展局的主席，给我讲了很多国家战略层面的问题，这种大战略大视野的意识，真是让我醍醐灌顶。

席间，罗主席告诉我要专注，不要再出现 2012 年资金链断裂的问题。我便非常谨慎地跟他说了一句："老师，我现在还有另外一个项目，叫'俺来也'。"没想到罗主席对这个项目特别看好，他说："绍瑞，你还记得第一次见面的时候，我跟你说'要关注大学生关心的事'吗？"

我第一次拜访他，他跟我说："你一定要站在大学生背后，关注大学生群体关注的东西。"当时的我听不懂这话的逻辑，因为梵谋做 B2B 业务，客户就是品牌商，我觉得"我应该关注的是广告品牌商关注的东西"。这话一直盘踞在我心里，在那一天豁然解开，也彻底点燃了我心中还未破土成形的第一性原理，让我找到了一个核心诉求：如何通过我和团队的努力，帮助青年人成长、成功。

罗主席说："你现在走上了一条非常好的路，你一定要站在他们的角度，一定不能仅仅是赚钱那么简单……"

"不能仅仅是赚钱那么简单"，我终于理解了，罗主席为什么能缔造出新天地这样的传奇项目。

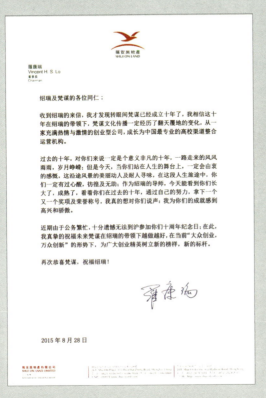

2015 年 8 月 28 日，
梵谋文化传媒十周年之际，
恩师瑞安集团董事局主席罗康瑞先生
亲自写的祝贺函。

绍瑞及梵谋的各位同仁：

收到绍瑞的来信，我才发现转眼间梵谋已经成立十年了，我相信这十年在绍瑞的带领下，梵谋文化传播一定经历了翻天覆地的变化，从一家充满热情与激情的创业型公司，成长为中国最专业的高校渠道整合运营机构。

过去的十年，对你们来说一定是个意义非凡的十年，一路走来的风风雨雨，岁月峥嵘；但是今天，当你们站在人生的舞台上，一定会由衷的感慨，这沿途风景的美丽动人及耐人寻味，在这段人生旅途中，你们一定有过心酸，彷徨及无助；作为绍瑞的导师，今天能看到你们长大了，成熟了，看着你们在过去的十年，通过自己的努力，拿下一个又一个奖项和荣誉称号，我真的想对你们说声：我为你们的成就感到高兴和骄傲。

近期由于公务繁忙，十分遗憾无法到沪参加你们十周年纪念日；在此，我真挚的祝福未来梵谋在绍瑞的带领下越做越好，在当前"大众创业，万众创新"的形势下，为广大创业精英树立新的榜样，新的标杆。

再次恭喜梵谋，祝福绍瑞！

2015 年 8 月 28 日

当年，罗主席接下新天地改造项目，决定"保留石库门旧的基础，赋予它新的生命"，这一冒险之举遭到董事会反对，瑞安集团上上下下都说"老板疯了"。我想，那是因为他不仅仅是个商人，他有人文的情怀，有对这个社会的责任，唯有这样的修为，才能考虑到怎样留存住一个城市的文化底蕴。

有媒体写罗主席，说他"见证了中国地产业疯狂的增长，也结识了不少一夜暴富的地产商，却依旧坚持不赚快钱的理念"，说他"比起100米冲刺，似乎更擅长马拉松式的长跑。不管是商场，还是官场，抑或是情场，都是个长跑高手。长跑需要耐得住寂寞，需要蕴蓄体力以备必要的冲刺，需要抵制太多路途中的诱惑，需要修炼被人超越时的平和心境"。

这就是他。

但他并不给我讲这些大道理，他的存在本身就是一种示范，让你不由自主地思考，将心中垒起的世俗砖石一一推倒。

2015年8月29日，梵谋成立十周年。一眨眼，我已经从一个大学生创业者变成了一个拥有若干公司的集团公司负责人。罗主席给我寄来一封他亲自写的祝贺函，感动了在场所有人。那份祝贺函在我心中的分量，我永远记得。

我的人生像是一场奇遇记，精彩非凡，充满色彩。感谢上天赋予我的一切，我对所有的经历都充满感激。

对于我的老师罗主席，此时此刻，当我落笔这篇文章的时候，只想对他真诚地说三个字："谢谢您！"

第十章

你不是一个人在战斗

建立彼此信任、优秀专业团队的重要性

这不是一个人单打独斗的创业时代，没有创业合伙人，没有创业团队，可以很肯定地说，你的创业走不远。

经历了漫长的独自苦撑的梵谋时代，一转眼我创立的梵谋文化传媒就已经进入了创业第九个年头。

2014 年，这是一个对我来说极为重要的年份，这一年我结束了独自创业的生涯，我的创业合伙人时代从此开启。凭着对梦想的执着和极强的煽动力，我成功把自己多年的客户变成了创业合伙人，这个人就是老刘，刘群智，后来的沙僧。

老刘在台湾统一集团服务了 17 年，可以说把半辈子都交给了统一，他被我拉下水时，在统一集团可谓是位高权重的角色，年薪数百万，受人尊重，拿着金饭碗。

老刘很真诚，很勤奋，做事总是有条有理，运筹帷幄，也很有激情，在生意上多年来给予我很多支持，是我创业历程中真正意义上的大客户。他的职场生涯顺风顺水，但自己一直怀揣一个创业梦，他总说，遇到我，激发了他内心的创业热情，他想在不惑之年再疯狂一把，用他的话说就是："人生，总得做一件疯狂的事，这件事就叫梦想！"

我们当时成立了号称中国高校第一家电子商务 O2O 公司：开心茄子。彼时的中国移动互联网 O2O 概念刚刚兴起，一场前所未有的 O2O 商业风暴正在华夏大陆上空刮起。2014 年，这一年又被誉为中国移动互联网元年，作为传统传媒人的我，和传统快消品渠道管理者出身的老刘，完全没有一点 PC 互联网的经验和印痕，就一头扎进了移动互联网这一完全崭新的领域。

对于未来，商业模式、O2O、二维码、APP、电商、用户资产价值、线上线下……一切一切都是那么新鲜，那么让人兴奋。

就在开心茄子如火如荼地出创意、招募团队、装修办公室、研究商业模型的时候，另一家崭新的公司也诞生了：笑得商贸，一个专注于高校渠道供应链管理的公司。

其实我卖高校广告这么多年，心里一直是拒绝帮助品牌商做销售的。但是做笑得商贸的起因是梵谋文化当年接了一个大的广告订单，三年累计广告费用合计一亿元，这对于我来说可是绝对绝对的天文数字，大订单！

当然，广告费可没这么好赚，附加条件就是帮助这个产品打入全国高校传统的商超销售渠道。看在一个亿广告费的面子上，咬着牙上了！谁知越做越发现，高校传统经销渠道存在太多的痛点，经销层级烦冗，小店利用线下盘口经济收取品牌商多种不合理的渠道费，而且商品质量参差不齐，学生消费渠道匮乏造成严重的卖方市场，可怜我大中华的莘莘学子啊。

于是，已经干出些许心得和门道来的我，决定一不做二不休，希望彻底改变中国高校渠道供应链。就这样，笑得商贸应运而生了。

销售我哪行啊，得找这个领域的专家、合伙人。

环视四周，都是些传媒界的朋友，没有合适的人选。巧合的是，彼时我正在读新华都商学院总裁班的课程，我们一个班11个人，10个老板，只有一个职业经理人，这个人就是老黄，黄永战，也就是我们团队未来的八戒。

老黄是奔腾电器的销售总经理，湖南人，说话很快，话痨，一说起来就停不住。人长得胖，成天眼睛眯成缝，笑呵呵的，经

老孙与俺来也联合创始人：刘群智（沙僧）。

常摸着自己的肚皮自嘲："我的普通话不标菌。"

其实上课那会儿，十个老板都觉得老黄挺好的，搞销售绝对是把好手。他用十年青春助力奔腾电器的温州老板打下了天下，助其成就亿万身价。我们班十个老板都跃跃欲试，嘴里不说，心里都对老黄痒兮兮的，希望将其收入麾下。

我想来想去，老黄靠谱！打工他已经打到天花板上了，创业，这绝对是他人生的下一站高潮。其实后来同学们都说我敢想、敢说、敢干、脸皮还厚，我微笑着承认。心想，谁让你们都有贼心没贼胆，只懂得暗示，不知道直接表白的重要性呢？

在南京路的咖啡厅里，我凭借三寸不烂之舌，成功将晕乎乎的老黄说服，招入麾下，从此一起踏上了笑得商贸的创业之旅。

开心茄子的校园O2O之行艰难地开始了，搭建网络、找技术、开发APP、租店铺、找货源、做营销、探讨商业模式。原本定在2014年3月上线的网站，因为找了一家极为不靠谱的开发供应商，一拖再拖愣是拖到了暑假。老刘很用心，但看到开发进度也有点急了。

记得那年暑假，大家一起看世界杯，在公司露台上烧烤。我和老刘招待着员工和朋友，一种外表轻松、内心沮丧的味道。

那段日子，老刘一如既往地老黄牛般坚持着。

再看这头，我和老黄的笑得商贸，品牌商诉求很大，排着队来公司商谈进入我们的销售网络渠道。然而无奈的是，我们所掌握的传统校园小店和商超渠道，分布十分零散，各种终端苛捐杂

老孙与俺来也联合创始人：黄永战（八戒）。

税不断，致使我们引进的商品，前期需要垫付大量的渠道费用，终端对于消费者又没有定价权，所以并没有给消费者提供有竞争力的销售价格，业务进展十分不理想。

老黄还是一如既往地乐观，不厌其烦地开会，给大家激励，和品牌商谈未来、谈前景……

开心茄子于 2014 年 10 月 10 日终于在第一个学校成功上线了，上线当天，因为一元活动疯抢的缘故，火爆了一阵，后面就进入了鲜有人问津的窘境……因为没有大量的货源，所以消费者上来一次看不到需要的商品就走了。另外，开心茄子的 O2O 模式，实际上还停留在通过线下门店给线上导流，典型的"顺丰嗨客"模式，消费者走到线下店，然后扫店内墙壁上的二维码下单购物，然后商品到店后，消费者再到店铺自提。现在想想这是多么惨烈的痛啊，如此商业模式，当时怎么会得到我们的认可和执行的？

笑得这边签约了大量的商品，有货源，但因为学校商超渠道等问题，销量也一直打不开局面。

两边的创业都遇到前所未有的阻力和风险，我的心情压抑到极点。

商业上，设想和落地结论往往差距巨大。还好，我不是一个人在战斗，老刘和老黄在各自项目上对我表达了信任和支持，保持着一如既往的乐观心态。大家丝毫没有懈怠的苗头，一直努力着，并相互打气："创业嘛，哪有一开始就一帆风顺的。"

那一次，恐怕是我的创业史上第一次想到放弃。

我就像一个挨了霜打的瘪茄子，坐在老黄旁边的转椅上一声不响，无精打采。老黄看出了我情绪的波动，拍了拍我，给我一些精神慰藉。

上帝要关闭一道门，必定会打开一扇窗。

直到有一天，我仿佛突然想通了，为什么不将笑得商贸的供应链管理和开心茄子触达用户的能力打通呢？为何不直接建立从品牌商到消费者的全渠道贯通？为何不通过移动互联网模拟学生去学校小店购物的场景，形成真正去中间化的 O2O 商业模型？

让同学们以最低的价格、最快的时间买到超市里卖的货，这不才是真正的 O2O 吗？

想着想着，我既兴奋，又觉得无比烦乱，仿佛心里压了一个巨大的山头，透不过气来。

那天我约了新华都商学院的 Max 老师（就是后来我们团队的唐僧了），向他请教开心茄子和笑得商贸的商业模式，表达了我的困惑和想法。

Max 老师不愧为前腾讯电商的首席战略官，在听了我的现状和希望革新的想法后，约定了择日来一场抛弃以往所有的头脑风暴。

头脑风暴那一天，我是幸福的、满足的、重拾信心的。那一天，2014 年 11 月 8 日，诞生了真正的校园 O2O 商业模式的雏形，一个崭新的时代在那一刻生根发芽，一个崭新的春天和更大的挑战正在向我们招手。

三天后，利用梵谋文化传媒全国范围内的学生组织"校联会"，我们成功征集到了为这个商业模型定制的 1000 多个有价值的名字，当"俺来也"三个字映入我眼帘时，我眼前一亮，一拍桌子："俺来也，俺老孙来也！就它了！"

几个人决定用笑得商贸这一经营主体进行转型，开启真正的校园 O2O 时代。

2014 年 11 月 15 日，我在笑得商贸办公室对二十几位毫不知情的小伙伴宣布："我宣布，即日起，笑得商贸从一家传统的校园供应链管理公司成功转型为一家校园移动互联网 O2O 公司。"不明真相的小伙伴们先是面面相觑，而后不知是谁第一个带头鼓掌，随着全场掌声四起，一个新的时代从此开启了……

老刘被邀请到新的创业团队，我说："我们就是一个崭新的西游创业团队，我姓孙，就是团队的孙悟空，花名就叫老孙吧。"老黄摸着肚皮："那我胖，我就是八戒喽。"老刘瞅了瞅自己半秃光亮的额头："我上辈子就是沙僧！"Max 老师笑着说："哈哈，我五十多了，又是你们老师，我就是唐僧了！"

俺来也联合创始人：刘群智（沙僧）；俺来也战略官：Max 洪（唐僧）；
创始人：老孙；俺来也联合创始人：黄永战（八戒）。

苦练人生七十二变，才能战胜九九八十一难。

日后这几年里，我们师徒几人带领着"俺来也"西游创业大仙们，彼此信任，手挽手肩并肩，有苦有甜，有哭有笑，抬眼见过无数次徐家汇凌晨的月光，我们相拥，我们坚定不移，我们不离不弃。

这一路的风景太精彩，重要的并不是风景本身带给我的快意，而是一路与团队相伴相随，是那种相信"相信"的力量，那种彼此帮扶衬托，互相分担，互相打趣，互相创造梦想和奇迹的旅程，一路上有你，有你们，创业真好！

第十一章

找到真"天使"

过去做梵谋文化传媒，我有一个狭隘的心态，总觉得投资机构是来分我们一杯羹的，所以一副清高模样。我也曾试图去融资，不过并没有什么好的结果，因为我根本不懂什么叫风险投资。

而如今，满大街都是在找投资的创业者。当我具备更开放的心态和更高的视野之后，再来看这件事，才发现，融资其实是一个创始人、CEO必备的素质。只不过，一个优秀的创业者，应当知道自己到底要不要拿别人的钱、拿多少钱、拿谁的钱。

2014年年底，我、沙僧、八戒三人拿出300万创立俺来也项目，而300万也不过能做出一个商业模型而已。这个商业模型落地第一家学校后，很成功，当时正值O2O最火爆的时期，我们知道要快速发展必须要有资本的支持，于是决定融资。

我拿着一个 12 页的 PPT，通过一家投资中介公司开始了寻找投资人的道路，每天辗转很多路程，一家家去拜访。这感觉，仿佛又回到了刚创立梵谋时，我们斗志昂扬地混进各个商务办公楼寻找客户的时光。

找投资人的过程是煎熬的，我一口气疯狂地见了 36 个投资机构。

狂妄自大型的投资商根本不太听你的商业模式，刚聊两句就冷傲地抛出一句："现在都什么年代了啊，你光有一个 idea 是不行的。"

我解释："我们这个创业团队，是有十余年的校园基础的……"

不听。

这类投资者往往给你一种高高在上的姿态，见面的时间、地点都听他的，还会随意变更，你还得笑脸逢迎，说上一句："没关系，看您方便……"

他们大都青睐于有海归背景的创业者，或者成功创业的连续性创业者，或者从大企业辞职创业的高管。我深深感受到，作为一个草根创业者，一个从未跟资本接触过的创业者，所受到的那种歧视。

你还会碰见不见兔子不撒鹰的投资商，他们不敢承担很大的风险，对新模式不敢尝试，又担心因此失去机遇，于是在一次又一次的面谈中跟你反复周旋、斗智斗勇，每一次开会都是一次消耗内力的过程。

投资者持何种姿态，我们无能为力，也能理解，毕竟投资不是过家家，是真金白银的刀光剑影。

但创业者也一定要有自己的姿态，那姿态是对原则的坚持、对理想的坚信，不能轻易就被别人的态度消磨了底气。也许当时被拒绝很沮丧，但后来你会明白，在这个双向选择的过程中，你们没有被互相吸引，是最好的结果。你不投资我，并不代表我很差。保留这点无坚不摧的底气，也是一个优秀投资者希望在创业者身上看到的气质。

而我，从始至终都保持这么一个信条：腰板很直，很讲原则，很相信自己的判断。用他们的话说："又臭又硬。"

你要相信，最后一定会找到与你投缘的投资人。然后，之前无论遭遇过多少白眼、多少拒绝、多少焦虑、多少绝望，都只化作释然一笑。

后来，我在好朋友毛思翩（毛思翩也是俺来也第一个天使投资人）的引荐下，见到了分享投资董事长白文涛先生。

记得那是 2014 年 12 月底的一个寒冷的夜晚，老白从深圳只身一人飞到上海。我们就在笑得商贸的小办公室里，还有沙僧、八戒，一起聊了一个半小时。

老白听得很认真，中间很少打断我。

聊完我们一起吃简餐，边吃边聊竟聊了两个小时。分享投资是一家专注于互联网创新和医疗健康两个领域早期投资的机构，老白对互联网领域的见解很深，他对俺来也商业模式的优点、痛点、服务和未来方向分析得深刻入理，让我受益匪浅。

俺来也当时的形势其实十分严峻，两家竞争对手已经拿到了A轮投资，都是千万级别的，而那时候我们只有一家店。这种情况下，需要投资人有十分的果敢与极度敏锐的商业判断。

其实，投资除了看项目，也是看人，我和老白恰好彼此看对眼。

老白回去后，跟分享投资核心的投委会讨论俺来也，过程并不是顺风顺水。我们三个创始人在办公室或侧歪着，或搓手，或端着茶杯看着窗外，焦急地等待着。

老白力挺投资俺来也，最后投票以 3：2 险胜。电话里传来这个结果时，我仨激动得不知所措。

有了分享投资的主投，随后，俺来也的第一批跟投的投资机构（乾道资本和崇德资本）也随之迅速确定，我们很快完成了天使轮 pre-A 轮融资。

当前的中国天使投资，呈现蜂拥之势。有数据表明，美国目

俺来也投资人、董事、分享投资董事长白文涛先生在俺来也 2015-2016 年会致辞。

前有 20 万—30 万天使投资人，而中国真正的天使投资人可能连 100 位都不到。

所以，并不是每一个顶着"天使投资"帽子的就是真天使，中国的天使投资圈同样弥漫着欺骗创业者的谎言。作为创业者，也要有拨云见日的辨别能力，找到真天使。

这个过程中，你要明白，不是别人给你钱就谢天谢地。找投资，找的不仅是钱，更重要的是在找一个合作伙伴，你们有没有共同的价值观和愿景，这是后续合作、企业良好发展的保证。

俺来也投资人、森马投资董事长邱坚强先生在俺来也2016—2017年会与西游创业团队合影留念。

　　你也不要因为企业小，就丧失了对愿景的把握。我们创业者是用未来的愿景去稀释现在的股权，股权即一个企业的血液，自己的血液自己珍惜，若因缺钱就签下不平等条约，总会有一天失血而死。

　　最后，遇到好的投资人，一定要真诚地对待这段关系，公司好的、不好的情况都可以开诚布公地交流，因为你们是共同战斗的关系。同时，善用投资人的关系、资源，不要觉得不好意思，这是双赢的结局。

好的投资人，对公司的发展尤为重要。

我很幸运，遇到了老白。

2015 年，股票市场经历史无前例的股灾，每一次的关键节点，老白都会给我打电话，告诉我目前的市场环境，为我做出正确的决策提供了非常好的参考意见。

这就是好的天使投资人，他不是一个只关心能赚多少钱的人，而是能够在不同的市场阶段，给予创业者最坚定的支持，让你走得更远、更好。

天使投资的过程，就是建立彼此信任的伟大友谊的过程。

在俺来也后来的发展岁月里，我秉承坚守公司愿景的原则，积极地面对每一次和新老投资人洽谈的机会，虽然一路上历经波澜，但总的结果让我十分安慰和感动。

在俺来也的事业发展历程上，少不了这些投资人珍贵的信任和鼓励，景林的浩哥、森马投资的邱哥、博宁资本的陈教授、上实的知新大哥、天财资本的吴总、来伊份的施董、中欧创业营的同学们、好兄弟 Denis、姚欣、雅芳姐，还有享投就投的众多投资者们，想到这些在创业期给予我坚定支持和帮助的投资人，我都十分感激和感动。

谢谢你们！

成功的世界里，千里马和伯乐，一个都不能少……

原地爬起！

欢欣期待的遥望，
灿烂憧憬的梦想，
莽撞轻浮的攀爬，
"平静"的路。

无心留恋平凡，
全神汇聚高山，
路途无数牵绊，
向彼岸。

他山之石岂我愿，
逍遥巅峰何人圆，
僵于半空的惨淡，
进退难。

于是，
为了活着，
"痛""快"陪伴
磨砺胸怀。

重整思想的山，
再扬希望的帆，
一声至烈的呐喊，
一汪坚强的泪痕。

为信念，
为勇气，
更为一生的承诺，
原地爬起！

花海粮山心不乱，
日火冰剑意泰然，
春夏秋冬的轮回，
人生的答案……

孙绍瑞

2008 年 5 月 24 日

第四部分

创业，
那些你不需要
再走的弯路

爱因斯坦说，

所有的物质形态实际上都是由"精神意识"决定的。

"相信"本身就是一种力量，

这不是迷信，

而是一种心理暗示。

我能、你可以、一定会……

多么美妙的世界！

第十二章

创业，是一个伟大的词语

人生有很多种活法。

劈柴担水，是朴实；

朝九晚五，是安稳；

云游四海，是自由。

谁也没法尽览春花秋月，你选择这样过，他选择那样过，本无好坏，不过是各有各的酸甜苦辣。在这况味之中，你要欢喜舔舐那甜，也要受得住那酸、苦、辣。

于我而言，最好的活法是创业，这经历烈火淬炼的、热气腾腾的生活，是最让我欢喜的滋味。

一眨眼，我已经创业十一年，当初的小孙也熬成了如今的老孙。

　　选择创业，在我上大学那会儿就是典型的"非主流"，不务正业。我们从小接受的教育都是好好读书，将来考一个名牌大学，之后再好好读书，考取更牛的研究生、博士生，最好来一个博士后，然后去外企、考公务员、出国深造、去银行。所有的成功路线，在你还没有建立清晰的人生观之前，就被深深地烙在脑海里了。

　　那会儿，"创业"这个词还不是很流行，一般都是说"开公司去"。

　　那会儿，家里人对你的第一反应就是："开公司？开什么玩笑？你辛辛苦苦考上大学，爸爸妈妈把你送去是读书的，不是去开什么公司的！家里爸妈都上班，又不缺钱，你放着好好的课不上，一没经验，二没资金，开什么公司？"

那会儿，老师也会说："学生就是学生，学生就应该以学习为本，打好坚实的基础，为职场做好充分的准备，不要好高骛远，到头来竹篮打水一场空。"

那会儿，同学们也会观望，然后来上一句："绍瑞，中石油又来招聘会了，你那公司靠不靠谱啊？"

因为这不务正业，学校不批准我入党，一直是预备党员。

创业这十多年，我更是经历了别人也许一辈子都不会经历的事：股东纷争、遭遇诈骗、协议仲裁、律所法院、融资扩张、竞争价格战、资金短缺、团队离散……每一次的危机，都会留下深刻的痛和坚强的"茧子"，长在心头，武装成一股内在的"气"，迎接下一轮的风雨。

这就是创业，是人生路上"真实的惨烈"。

可是大家知道吗，创业者的快乐是什么？那居然是：忙里偷闲的窃喜、自由主义的逃离、哪怕不相干的一个陌生人赞许的眼神、一次胜利的签约、一场酣畅的演讲、一次莫名的感动、一群志同道合的人……

创业当然是艰辛的，有专家统计，大学生创业成功率不足1%，99%的大学生创业都以失败告终。老孙能幸运地从众多大学生创业先烈中存活，也算是微小概率中的一个幸运儿。在我若干年的创业生涯中，也真是经历过九死一生。历经波折的路上，更是看到很多创业的兄弟们起起伏伏，跌倒的、退出的、新进

2005 年，老孙录制第一财经《头脑风暴》现场。

的，此起彼伏。

可我始终坚信，你能吃多大的苦，生活便会回馈你多大的甜。创业者的人生并不都是草长莺飞、繁花似锦，但至少不会是一望无际、令人窒息的荒凉和寂寥。

身在创业大潮中的你，会知道梦想实现的那一刻是如何的心情。

2005年，我录制第一财经《头脑风暴》节目时，对着镜头诚恳而充满激情地说："我的愿望是，把梵谋文化打造成中国最大、最专业的高校传媒机构。"

十年的一路坚持、一路发展，无数次从绝望边缘爬起来，终于实现了这个愿望。那一刻，不仅是成功之后的激动、释怀、骄傲，更多的是我看到了那个成长的自己，变得更好更强的自己，是那一路跌宕一路精彩，充盈而丰盛的生命更让我感动。

王菲和陈奕迅一首《因为爱情》让人每每听起就不由自主产生对爱情的向往，老孙的创业人生，一首现实版的《因为创业》也润人心田：

"在那个地方，怎么会有沧桑，我们还是年轻的模样！"

因为创业，我的人生旅途平添无限风景。

创业，是一个伟大的词语。

第十三章

创业者仅以融资为乐是短暂的狂欢

在资本市场，我们常看到这样的剧情：有的创业者一年融资几次，迅速成为独角兽；有的创业者虽然成功融资，自己却净身出户了。

资本像一杯酒精，喝下之后群魔乱舞，让你错以为这狂欢party 永不落幕。

清醒者分明看到：被资本架空的狂欢和不专注经营的狂欢，将以长久的灾难为结果。

历史从未过去，它总是在重复出现。

伟大的创业教父乔布斯，曾被自己引来的投资人联合职业经理人踢出去。

新浪创始人王志东，同样是中国互联网教父级人物，也被新浪董事局踢出。

我们不是乔布斯，不是王志东，更多的创始人被踢出局后，可能从此一蹶不振。

举这些例子，不是告诉大家融资不好，而是要珍惜自己手中的股权，融多少，拿谁的钱，换多少股份，自己要有清醒的把握。

有的人本来手上已经有很多现金，在面对资本的围追堵截时经不住诱惑，盲目地做了一轮又一轮融资，致使自己的股权大面积稀释，当一个创业团队的股权低于50%，你以后的命运就已经不在自己手中了。

我在大三时，为梵谋文化做了第一次融资。第一次，就差点让我死无葬身之地，以至于此后多年都对资本抱着保守躲避的态度。

我当时准备融资1000万，换49%股份。因为没有经验，受了蛊惑，我接受了一家带着侵略目的的投资商的资金。对方承诺给我200万投资，另外550万作为短期借款无偿借给公司。

200万，对于一个从没见过这么多钱的大学生来说，简直就是巨款啊。所以我非常快速就答应了他们。后来我常常后悔，如果当时我多找几家投资商呢？如果我对融资有更清醒的认识呢？结果会不会一样？

这世上没有后悔药。

这笔资金进来后，很快花完了，但对方承诺的另外550万贷款却不兑现。公司眼看要运营不下去，他们提出继续给梵谋追加投资，稀释股份。这意味着我的股份将少于50%，丧失公司的决策权，那一刻我才明白了他们的实际目的。

于是我拒绝再次增资，拒绝上班，把公司员工也全部遣散。

那种痛真是痛彻心扉，我咬牙切齿地想：这个公司活就活在我手中，死也要死在我手上。

双方陷入僵持，公司情况每况愈下，连续几个月我只拿了2000块工资。还好我的股份卡在了51%，我以大股东的权利坚决不增资扩股，他们无计可施，又找我回去谈判。在此次谈判中，我要求收回自己的股份，最后以较高的代价全部买回。

这件事，前前后后折腾了两年多，如今想起这段融资经历，我都不愿去回想一些细节，直面那伤痛，需要莫大的勇气。

年轻创业者，大都一没经验，二没人脉，三没团队，一定会在创业的道路上吃很多亏，受很多骗，才会练成铜墙铁壁。

之后才会懂得，融资不要太在意估值，融资不是谁的钱都可以拿，融资不是融得越多越好。

俺来也2016年同心欢乐营合影。

如果说一个投资机构对你的公司估值是2000万，说给你投200万占股10%，另一家投资机构对你的公司估值5000万，说给你投3000万占股60%，你会选择哪一个？

出让60%的股份，你会从公司董事长变成一个小股东，从此失去财务控制权，失去公司经营权。如果公司经营不善，你还会被迫卸任CEO，给你一个市场部经理之类的职位，连工资都不给你。事实就是这么残酷，所以，第一次融资，股权稀释不要超过15%最合适。

有人以融资为乐，融了很多钱，都不知道怎么花。

也有人仅把公司上市作为公司的成功终点，上市之后业绩不好，又被 ST。

融资与上市，都只是募集资金的一种方式而已。 怕就怕你从此失去了方向，忘记了创业的初心，背道而驰，最后无法回头。

创业者的心态，融资、上市之后，都应该回归到经营本质，才能使公司长远发展下去。 创业的核心，永远是通过有价值的服务，用其产品在市场上换得消费者的信赖。 否则，你的狂欢只会是昙花一现。

当年，我和几位 80 后创业者一同被誉为 80 后创业富豪，我排第七。而如今，再看那富豪榜上，还有多少活到了今天呢？

商场固然风云变幻，在中国，鲜少见到百年老店，能撑 30 年的企业已是凤毛麟角。观之，多是在漫长时光中，在种种诱惑中失去了那份专注，失去了那份匠心。

所以我常常反观自己，常常警醒自己，切莫忘了创业的初心和基因，这便是我为什么能够十几年扎根校园市场的第一性原理。

也有人曾问我："外面那么多金山银山，你就不想去挖吗？"

我笑答："我的根就在这儿。"

我的愿景，是帮助全球的青年人（尤其是大学生）成长、成才、成功。

很庆幸，自己一直没有偏离这个愿景。未来，我将一如既往，keep walking！

第十四章

吸引力法则的魅力

2005 年，我创立梵谋文化传媒的时候，团队成员都是同班同学。

十多年过去了，再看那一帮曾一起奋斗的战友，都拥有了自己的精彩人生：满雅楠在北京的同声传译公司做到了令业界高山仰止，能请她亲自出马的只有国务院副总理以上级别；封少伟已经是一家国企的副总；沈一峰自己创业了，是新加坡永辉集团的上海首席代表；张默念完博士在上海大学当老师，她当时是同济大学最年轻的博士。

非常骄傲地说，当年我们这几个人想出的创意、做出的方案，比很多公司的中高管都要强——有时候看他们写的东西，完全是驴唇不对马嘴。

2016 年初，俺来也初创团队一起赶赴老孙家乡大庆油田学习铁人精神。

　　我创业，为什么会吸引这么一群优秀的人聚集在一起？当时没想过，后来才知道，这便是吸引力法则，你的梦想、思想、语言、行为，会吸引跟你具有同样振动频率的人。

　　乔布斯创立苹果的时候，花了最大力气去找了五个领域最顶尖的人才。这五个人来了，后面大量的人才被吸引而来。

2016 年 6 月，混沌创业营五期学员首次大合影，老孙在二排右四。

后来，我招聘梵谋文化的第一批社会化员工，一个大学生创立的小公司，真的没多少人能看得上。

但我筛选简历的时候，只保持一个态度：看他是海投还是会给我说一句话。哪怕只是说上一句"尊敬的梵谋文化传媒负责人，你好，我对你公司感兴趣"，我都愿意给别人一个机会来

俺来也西游创业大学助力大学生实现创业梦想。

面试。

在这样的情况下，梵谋仍然招到了一些非常有企业价值观的人才，我的助理小尹，已跟随我 11 年，梵谋的设计总监小闪，5 年后自己创业了。

当然，我也招了许多让人糟心的员工，这些痛苦的经历才化作如今的成熟和经验。

现在有这么一个现象，一些产品几乎没有说明书，但卖得特别好。为什么？因为它的产品做到了极致，靠品质和口碑换取你的吸引力。

人也可以比喻为一个产品，作为创始人怎么去吸引别人？不是有多少钱，你做的事情有多伟大，而是你这个人有没有魅力。就像我的创业导师罗康瑞，自身的修养自会吸引万丈光芒。

这修养如何来？别无他法，多学习多悟道。

如何利用吸引力法则？

如果你是一家刚创业的小公司，一定要对自己的愿景、前景有信心，然后找到一批对你有兴趣的人才。我们当初创立梵谋文化，因为我们是大学生，很多公司瞧不上我们，我们也瞧不起他们。这些站在山顶的公司，以俯视的姿态看人家在山脚往上爬，便觉得太差劲，忘记了山脚的人总有一天会爬到山顶。所以，别人不相信没关系，你要相信你自己。

其次，做好你自己，把自己的内容做得足够精致，如此，你释放出什么信号，就会有什么样信号的人和事被吸引过来。

今天我成功被混沌大学创业营录取，这是一个全中国顶尖的商学院课程教育，李善友教授把这次面试叫作"窄门"。混沌创业营对人员面试的筛选之严，简直令人发指，但是当创业营名单公布的一刹那，整个商业界都震动了。就像混沌大学的开学典礼上李善友教授提到的那句："办混沌创业营，我把你们这些人成功召集在一起，我的任务就已经结束了……"

做好自己，过好每一分每一秒的精彩，学会利用"吸引力法则"，而不是一味地用"推力法则"，你需要知道：你生命中所发生的一切，都是你自己吸引来的。

第十五章

未来场景提前享乐法

创业者如何持续保持乐观向上的心态

新项目又来了，好痛苦。

要准备一场演讲，好痛苦。

要写出一本书，好痛苦。

凡此种种，都要费心劳神，无一不痛苦。

我们痛苦的原因，往往是因为我们只想到了过程的辛苦。其实，换一种想法，效果就会截然不同。

我自己摸索出了一个方法，叫"未来场景提前享乐法"，即想象完成这一件事时刹那间的成就感。

我学开车的时候，就幻想自己开着车在马路上兜风的惬意场景。

2010 年 4 月 17 日，梵谋文化传媒北京分公司成立，在北京国际饭店举行开业庆典。

我要准备一场演讲的时候，就幻想自己站在台上的意气风发。

我写这本书的时候，便想象着一本黄色封面的书，摆在新华书店，摆在机场书店，上面有我的照片，顿时觉得很兴奋。

这些想象，越具体越好。当未来将会出现的那个场景给你带来的幸福感进入脑海时，做事情的过程就变得轻松很多。

梵谋文化传媒做名家进校园系列活动时，我也觉得很痛苦，这个浩大的活动，我能做好吗？然后我想象在学校大礼堂里，名家在讲台上讲，底下浩浩荡荡坐着 1400 人。那个场景，感觉美妙极了。用场景感去推导过程，人就突然有了信心。结果，我们请来真维斯服饰董事长杨旭演讲，礼堂里真的进去了1400人，座无虚席。

后来，梵谋做"中国·志"，在学校食堂广告位挂上水墨画后，我希望有更进一步的推进。某天，我突然想到了用话剧的形式来表现，几经讨论，定下了排演一出话剧《谭嗣同》。想到谭嗣同时，我突然觉得自己像穿越了一样，穿越时空与谭嗣同进行对话。这正是这出话剧的目的，让谭嗣同与我们这个时代的青年对话。想至此，我又觉得异常兴奋，再艰难也要让这部话剧面世。

最后，这部话剧先后在复旦、交大等学校进行演出。

2009年12月24日，平安夜，《谭嗣同》在上海滩五大名校的最后一场盛大演出结束后，我跟导演、编剧以及演员一起吃饭，喝了些白酒，情绪高涨的我说："《谭嗣同》现在这么成功，但我们的成功不止于此，我们一定要杀到北京，让《谭嗣同》在北京打响，我们一定要到百周年纪念讲堂去演出！"

一桌人，全都说我在异想天开。

之后，我决定在北京开分公司，正式将这件事纳入议程。我说："第一炮，我们北京分公司在长安街上的北京国际饭店举行开业庆典；第二炮，《谭嗣同》在解放艺术剧院做一个盛大的

2010 年 6 月，中国首部历史穿越青春励志话剧《谭嗣同》北京开演。

中国首部历史穿越青春励志话剧《谭嗣同》演职人员合影。

新闻发布会；第三炮，《谭嗣同》在北大百周年纪念讲堂进行公演。"

你可知道，当时我连北京的路都搞不明白，关于长安街，也只是模模糊糊有所了解。而这一切，在不到半年的时间里全都实现了。

一个人，当你的意识是悲观的，它就将引你走向失败；如果你的意识是乐观的，它就将引你走向成功。

未来场景提前享乐法，是用未来的成就感，带给你积极乐观的情绪，打败痛苦的情绪，并引导你实现成功的过程。

其实，生活中的烦恼、痛苦都一样，只看你以何种方式与它们共处。积极的心态影响积极的人生，用正能量武装自己的灵魂，让未来场景的震撼带给现在的你足够强大的动力，每天生活在期待和希望之中，如沐阳光般微笑着生活……

第十六章

创业者必备的三大法宝：
演讲、速记、PPT

创业者需要集很多能力于一身，演讲、速记、PPT 是三项必备的基本技能。

别不当回事，它们非常重要。

十多年前，我大二，参加真维斯的服装设计大赛提案比稿，做了一个 Word 文档就去了，那是客户看过的唯一一份用 Word 做的策划方案。

幸运的是，我们的方案在比稿中胜出了。诚然，我们的方案内容质量不错，才会打赢这一仗。也许还有真维斯领导对我们的宽容：毕竟他还只是一个大二学生。

这是侥幸的部分。但商场上哪有那么多侥幸？试想，如今若有一个人拿着 Word 做的方案来找你，你看得下去吗？恐怕首先你就得怀疑这个人的能力，而不是想：管它形式呢，说不定内容不错。

就像有一句话说的：没有漂亮的外表，谁会去关注你的内心？先贤哲人总是教育我们，心灵美，才是真的美。当然这话是没错的，可身处这个看脸的世界，你得学会另一种生存方式：请先修炼你的外在，再修炼你的内在。

兹"脸"体大，人是视觉动物，所以做一份好看的 PPT 才是最要紧的事。现在不管你是去开董事会，还是做内部分享，还是去参加商业论坛、谈合作、融资，都需要一份精美的 PPT。

什么样的 PPT 是好看的？

有些人做的 PPT，满屏文字。这不叫 PPT，只是 Word 的翻版，看得人百无聊赖。PPT 的精髓，是对你脑子里的逻辑和思想的展示，只需要最精华的东西，少文字，多图片，配视频，文字要精准有逻辑，架构要清晰。

这些大家都知道，可仍有人做不好，那只是因为没去努力。如此，何以让人相信你的能力？

现在，大家看到我的演讲能力还不错，但以前我也是拿着稿子上台念的。第一次现场听李善友教授的演讲，口若悬河，思维、逻辑缜密无缝，配合一个非常精美的 PPT，带给我很大的刺

激。我从此开始训练自己的脱稿演讲能力。

这时候回想起以前，自己穿着光鲜亮丽的西装，笔挺挺往台上一站，再从衣服兜里掏出几页Ａ4纸写的稿子照着念，真是傻到家。

这个人是我，也是很多人。我们看到大家都是照着稿子念，都跟着照做，不觉得不妥。

还有人虽然是脱稿，但上台只是把提前背下来的稿子全盘倒出来，身体表情要多僵硬有多僵硬，甚至背着背着忘了词，眼睛不由自主朝斜上方45度角看，一副努力回想的样子。

2015年我参加第十届两岸经贸论坛，就发现一个奇怪的现象，两岸大学生发言，大陆的学生手中都拿着一个演讲稿，眼睛一刻不离盯着手中的稿子念，稿子的结构格式也几乎一致，听得人昏昏欲睡。而台湾的大学生每个人讲的各具特色，忽而讲故事，忽而讲哲学，忽而引古文，让人耳目一新。

再看美国，无论是大学青年，还是商业领袖，他们的演讲都极具煽动力。

演讲这种能力，与我们国家的教育机制有关，大多数学生羞于表达，不敢站上台，看到20个以上的观众就浑身发抖。

但这个社会需要我们具备这样的能力，特别是创业者，你的客户、用户、团队，都需要听到你的声音和思想，你如何去表达你的愿景、你的想法，关乎你的公司生存与发展。

再说速记。

别找借口说：我又不是速记员，会速记有什么用？

这是个快节奏的社会，平时参加各种论坛，会面各种大咖，会有很多闪光的创意和想法，你若不会速记，只能眼巴巴地看着它们从你眼前一闪而过。

我所说的速记，当然不是像速记员一样一字不漏地记录下发言者的话，那样会没有时间去思考，没有时间去跟上发言者的思想、逻辑。创业者需要具备的是快速分析信息、组织信息、再翻译信息的能力，记下最精要的，这文字当中有你自己的观点、思考和判断，这就是一个优秀的速记员。

人就是要在不断的自我要求和迭代中成长的，这三样技能是让我们在职场和创业生活中终身受益的，也是理顺我们思维的有效工具。

懂得视觉的美、语言艺术的美、思维方式的美，这些都将让你受益匪浅。

最后，告诉你，请别胆怯，更别逃避，因为你可以做到！

"战斗"两年，时间久矣！

持之以恒的占领，
永无止境的奔袭，
不要妄想安逸，
不要沉浸记忆。

如果它就是目标，
如果它代表意义，
留给自己唯一的选择，
痛彻心扉的坚决占据。

永不要再提软弱，
思想中毫无屈懦，
让无知的魁梧，
永远灰飞湮灭。

世界是强者的声音，
历史是胜者的书籍，
庆乌合之众相聚，

宰你个痛彻心底。

男人顶天立地，
气息可断山脊，
窃窃私语之辈，
胆敢现身眼里。

吾从今夕，
亲赴阵地，
恕我铁蹄，
踏碎疆壁。

两年，
时间久矣，
梵谋大旗，
插满天地！

孙绍瑞
2008 年 10 月 25 日

第五部分

世界
这么大，
我想去看看

人们都愿意用标签把自己框死，
所谓的"专业"也不过是在某个领域多待了些时日。
我喜欢跨界，我喜欢 SAY "NO"！
这个世界多么精彩，
为什么不去试试，
不去走走，
不去挑战未知领域的权威？
活着就要精彩！

第十七章

戈壁，踏出你的英雄气！

混沌创业营戈壁行老孙独家感悟

2016 年 6 月 13 日是一个平凡的星期一，我早上九点钟准时坐在了俺来也的"大话西游"会议室，召开创业以来每周雷打不动的全国运营电话会议。

与以往不同的是，这天清晨的会议我多说了一会儿，虽然身体是极度劳累的，但精神却十分亢奋，似有一种蜕变的超脱感。

我想，这一切都源自四天来的混沌创业营戈壁之行！

"身未动，心已远"，戈壁带给我的种种经历，直到现在仍不断地重重敲击着我的胸膛，震撼着我，感染着我……

这种留恋的感觉，散发着淡淡的感伤和莫名的幸福感，当我回到熟悉的上海，仿佛穿越了两个世界。

混沌创业营，汪峰老师及新希望集团创二代掌门人刘畅为大家做分享。

于是，我想通过文字来记录这段神奇的旅程，与朋友和同学们分享。

混沌创业营是一个十分神奇的地方，是一个不折不扣的"窄门"。6月8日，混沌5期新老营员的相聚确实是中国创业界、创投界、企业界、文艺界、体育界等十分混沌的大party！

近200位营员从全国各地飞往充满灵性的敦煌，因为交通问题，所以北、上、广成为主要的出发集散地。因为每日前往敦煌的航班仅有一班，所以当你步入飞机舱门，会看到混沌创业营近乎包机的奇景。给我印象最深的是从北京出发前营员们在头等舱的一张合影，头等舱居然全部是混沌创业营的同学。

不得不说，混沌创业营确是一个豪华的大咖俱乐部。

在敦煌的初次聚会就更加神奇了，虽然俺老孙也是见过世面的，大家都穿着统一的混沌大学T-Shirt，没有什么出挑，但人群中你还是会因为和某些营员邂逅而激动不已。

这里有俞敏洪、徐小平、汪峰、SKY等创业、创投、文艺、体育明星，还有新希望集团的创二代掌门人刘畅，华大基因的创始人、科学家王俊，企业家领袖、永辉超市的创始人张轩宁，更有来自红杉、腾讯、景林、高瓴、分享等顶级投资机构的大佬，当然还有快看漫画、KEEP和亿航无人机等90后加油少年……

一场世外桃源般的神奇相遇从此刻开启，一种万分神奇的感觉，就像善友教授说的，"把你们这些人选出来，聚到一块，今天，我的任务就已经完成了！"

我们身处其中，每个人都明白这句话的含义。因为这个局确实太难了！真是如"混沌"二字一样，这批人的相聚神奇得一塌糊涂。

那究竟是什么，让这么多人不远千里、放弃端午节与家人的团聚，来到这里"受罪"呢？

我想，这动力来源于每一个孤独的创业者，久违了的与创业知己的相聚，来源于对"优秀"和"卓越"的追逐，来源于不安分的内心，来源于对未来世界强烈的渴求和探索。

接下来的一天，全体新老营员迎来的是久违了的善友教授的全新课程：《非连续性创新》。听善友教授的课十分痛苦，课程前教授留给我们预读的两本教材，听书名就想吐了：《人类简史》和《世界观》繁体版。整整一个半月，我挣扎着翻开瞄了几页，终因强烈的干呕和眩晕感放弃了。无奈在上课前，深知这两本教材对于理解课程的重要性，在来程的五个小时飞行途中，我读完了《人类简史》和三分之一的《世界观》。

善友教授的课，充满对人类历史的探索，对公理、真理等价值体系的研究，对天文、地理、生物、哲学、数学等领域的研究和融汇。

善友教授提出的"非连续性创新"理论和"第一性原理"、创业者认知等，让我思绪万千，头脑膨胀，几欲炸裂，真是"多

混沌创业营，李善友教授为大家做全新课程分享《非连续性创新》。

么痛的领悟，我要敲碎我的头颅……"（请脑补抓自己头发跺脚疯唱画面！）

　　不过，不管你是否真能理解善友教授的课程理论，光学会诸如"创造性破坏""假说—演绎法""宇宙社会学基本公理"等烧脑词汇，就够你回去显摆一阵的了。

　　我想这就是善友教授的魅力所在吧。作为南开大学数学系毕业的一名高才生，自己创过业，不断学习，不断迭代，取得成功后没有停下脚步，而是继续前往美国深造，研究创业创新领域的

混沌创业营，老孙在戈壁度过了最难忘的生日。

世界性观点。

　　学问越大，越觉得自己渺小和无知，相比一年前，善友教授研究的领域更加深刻，对待观点的给出更加谨慎和具有探讨性了，完全是一种研究性教育的方式。仿佛在上课的同时，他自己也带着若有所思的研讨情绪在里面，让课程本身充满了创新的延展性。

相比很多"一招吃终身"的教授，我钦佩善友教授的迭代速度和看待创业创新的新维度与历史高度，确实给我带来了更高维的创业价值观，甚至是世界观和人生观。

在这一天里，所有的大咖营员都安安静静地坐在下面，认真当起了学生，相信每个人都在持续烧脑中度过了充实的一天。

在每个小组完成了案例演练和实战分享 PK 后，我们再度分组，和老营员共同组成了九个大组阵营，踏上了茫茫戈壁征程。

俺老孙被分配到了"九阳神经队"，一听到这个组名，我的内心是极度无语的，心想，是谁给起了这么一个疯疯癫癫的队名？话说九阳豆浆机的老板也是我们混沌大师兄，我心中一度邪恶地认为，是不是我们队拿了九阳豆浆机的赞助？

小组选拔队长时，我们组队员你推我，我推你，不知道谁提出让"猎聘"的创始人戴科彬作队长。老戴就在半推半就下当上了我们九阳神经队的队长。殊不知这个队长在未来的几天里将面临多么丰富多彩的经历，老戴估计也没想到，未来几天，这个"队长"头衔会成为他有生以来最难担当的一个组织领头人。

拟定队旗、队歌、口号，可以说我们准备得不是很充分。大家开始的时候都把这个当成游戏，没有充分参与、全情投入。前八队依次上台分享，各有特色，印象深刻，我们九阳神经队上

混沌创业营九阳神经队戈壁行进途中。

场，表现得差强人意，草草收场。不过大家似乎都还没有进入状态，都有些无所谓的样子。

三辆大巴车和数十辆 JEEP 豪华补给车浩浩荡荡开了两个多小时，来到了茫茫戈壁。当大家踏出车门，看到两路排开的大帐，一下子都兴奋起来了。

大家收拾行囊，铺起垫子，放上睡袋，收拾第二天徒步的包裹。晚饭时，一碗滚烫鲜美的羊汤入胃，顿感西部戈壁的狂野气质。

过了晚上九点，戈壁的夕阳才慢慢落下，随之而来的是一声声惊叹，那是怎样浩瀚和清澈的星空啊！那是儿时才有的对于星空和月亮的记忆啊！在北上广，无论是天气还是心情，已经让我们无法仰望到星空，无法感受到星空带给人们的力量和畅想。

正当我仰望星空、贪婪地大口呼吸之时，远处篝火旁大喇叭广播喊出了我的名字。我和其他几位同学一起被叫到了篝火中央，在我们还没回过神来的时候，一道亮光伴随着一声巨响划过星空，盛大的戈壁焰火划破天际，在安静的夜里无限伸展，美丽而动人。

随着大伙儿的生日歌，营员们推出一个硕大的蛋糕，迎着100 多位营员手机做成的"探照灯"，撞击着啤酒瓶，我和几位有缘人一同度过了一个难忘的戈壁生日。

第二天一早，旗手张天一同学就早早扛起大旗，来到了我们的队伍前面。做了简单的拉伸后，善友教授被邀请致辞。他说："除了 PK 队伍的成绩外，今天大家都走慢点儿，不要忘记欣赏路上的风景。"（后面才知道，路上没啥风景，成绩才是重要的，哈哈！）关键是，我们队就只记住好好欣赏风景了。善友教授讲完，原本准备好快速出发，谁知道一上来组委会就给我们一个下马威。

我们被要求每队派七个人跳大绳，以三分钟内单次跳大绳数量的多少，作为各个队出发的前后顺序。我们赶紧派出了摇绳和参与跳绳的队员，在经过了短暂的练习后，大家开启了跳大绳PK。

神奇的是，我们队很好地契合了我们的队名——"神经队"，居然第一跳就跳出连续 35 个的好成绩。我这个自诩体育委员的人，居然跳到晕菜，再也跳不起来半步了，此番窘相得到了本组女生的一致鄙视。

最后宣布成绩，我们"神经队"居然第一，得到了全场首发的机会。要知道在戈壁首先出发，是占尽优势的，戈壁上差 300米相当于平地相差五倍以上的距离。

我们兴奋地在发令枪响后第一个出发。

"神经队"一路上好不热闹，拍照的拍照，嬉笑的嬉笑，另有政委老陈这个段子手一路的精彩段子，引得围观无数，居然让善友教授也跟着听了好几公里，不住点头。

大家欢歌笑语，好不痛快，这哪里是在走戈壁，仿佛就是在春游嘛……

"神经队"队如其名，在说说笑笑间，我们迎来送往了不知多少颜色的营友，晃过了多少五颜六色的队旗，后来一打听才知道，行程过半，我们已经从正数第一落后到倒数第一，真是够神经，难得糊涂。

虽然大家已经完全落后于大部队，但因为早上善友教授"比赛第二，过程第一"的教导和本组成员与世无争的悠然心态，所以仍然欢乐前行，没有突破。

一路欢乐前行的九阳神经队过了补给站，队长老戴突然有所醒悟，问了句："我们现在是倒数第一啊？"

我们说："是啊！"

"啊？从正数第一到倒数第一，这也太难看了吧，怎么着也得超越一个啊！"

大家听到了队长的号令，终于开始动起来了，天一、白鸦两人大步流星向前进发，我也紧随其后，突然有了团队荣誉感，大家把"至少超越倒数第二"作为我们团队的首个作战目标。

一行人在队长的高频加油下，向前方加快了步伐。

混沌创业营"九阳神经队"戈壁再次出发。

15公里、18公里、21公里、23公里……还剩6公里、5公里……渐渐地，队伍中没有了先前的喧闹声，大家都进入到体力的极限状态，每个人都沉默不语，耳边只能听到脚踏到盐碱地上发出的"嗒嗒"声，一场戈壁自我挑战，开启了。

白鸦是专业驴友，和天一拉着全队提着速，我紧随其后，不断加快频率，保持呼吸，完成一个又一个友队的超越。还剩五公里时，白鸦返回到队伍中，承担起照顾大家的职责。我则处在队伍第二位，和张天一一起冲锋。

天一不愧为前一年戈壁挑战的个人冠军，扛着大旗走得飞快，渐渐远得消失了踪影，我则保持自己的节奏，坚持向前进发。

对讲机中出现了我们"神经队"不断鼓励对手的话语。在最后三公里时，戈壁吹起了大风沙，远处清晰可见微型龙卷风隆起，吹得人睁不开眼睛。硕大无比的戈壁风车给人一种强烈的视觉假象，感觉近在咫尺，却怎么也无法靠近和超越，一种迷茫、烦躁、痛苦的情绪涌上心头，加上脚踝、双膝、肩膀的剧痛，简直每走一步都是人生最大的煎熬……

不抛弃，不放弃。戈壁挑战的评分原则是：以全队队员集体通过作为最后成绩，中途退赛队员会有特别大的整体扣分，这考验的是团队凝聚力和整体作战能力。我们队两位壮汉，一位负责照顾清水姐姐，一位负责照顾"政委"老同志。

我和天一则继续负责冲锋。

我坚持着自己的步伐，心中不住地从 1 默数到 100，反反复复，全身湿透，汗水甚至打湿了包裹。这时疼痛已变得麻木，只有一个信念，就是不停走下去。

当距离终点一公里时，我远远看到了营地上隆起的帐篷和终点拱门，那是一种让人喜极而泣的壮观镜头。

加油加速，我看到了天一举起的九阳大旗，他在距离终点300米处等我们。我快步走上前，和他击掌相拥，彼时，我和天一已经从倒数第一名，追上了第三名的尾巴。我们原地站定，等待九阳其他队员的到来。

对讲机中，我们不断给九阳的队员们加油鼓劲，大家都斗志昂扬。

模糊的风沙中，当我们看到那一小片鲜绿色的马甲时，我和天一兴奋了，九阳队员正在努力超越前方的队伍，争取第四名撞线。和我们站在一起，同样等待后面梯队（原本第四名）的队员也被九阳的后梯队震撼了。

这时，令人感动的一幕发生了，只见我们政委老陈突然把手中的拐杖高举过头顶，大声喊道："大家冲！"九阳的七名队友全都手挽手跑着冲锋起来了，那阵仗真的如同特战部队沙漠冲锋般豪迈，一举超越了原本的第四名！

我们欢呼着相拥，携手奔跑着冲过了第一天的终点线。大家露出了天真、爽朗、喘着粗气又难掩自豪的笑容。

What Amazing day！

那晚的团队分享和文艺晚会，政委老陈上台分享。提到最后冲刺的瞬间，他说，他已经50岁了，在队伍中被大家称为"老同志"，当他举起拐杖大喊向前冲的一刹那，眼前突然浮现出电影《老炮》里冯小刚高举刺刀在冰面上狂奔向前的画面，充满悲壮和永不服输的老炮理想主义情怀，让大家感动不已。

当晚，我代表"神经队"深情演绎了一曲《野百合也有春天》，眼前浮现出自己十数年创业路上的挣扎和付出，想起了戈壁带给我的荣耀和幸运，想起了每一个追逐梦想、突破自我的创业者……那晚唱得酣畅淋漓，整场都陷入了high爆的状态。

而团队奋起直追的荣耀和豪迈，并没有形成第二天突破自我的持续动力，我们"神经队"反而再一次陷入了怪圈，大家居然探讨起走戈壁的意义和价值，以及研究是否要集体退赛。

在明知道第二天凌晨四点半就要出发的情况下，各位队员还是你来我往，思想斗争，"走，还是不走"，这个话题居然持续讨论了近三个小时才得以终结。

坚持要走下去的我，被分配到了"先锋组"。因为我说既然来了，明确要走，那就要走到第一，不然为什么要参加呢？我的目标就是要超越第一天的冠军队：三体队（第一天的冠军队是三体队，他们遥遥领先第二名一个小时的路程）。

当我说出这句话的时候，我的内心其实是崩溃的，当时我根本没有想到会有实现这个目标的可能性，但也许我的发声能多带给团队一丝坚持走下去的动力。

老戴的腿伤很严重，天才少年熊同学的脚上磨了 N 个大泡，范范兄的膝盖内侧遭遇了巨大的拉伸，原本只想走五公里体验生活的清水姐姐累得浑身酸疼，政委老陈却一直综合运用辩证法、先抑后扬法、道德绑架法、胡乱吹捧法等经典独家秘籍，说服大家一起上路，全都不掉队。

最后，大家在隔壁大帐几位美女大咖的强烈谴责下（我们讨论分贝太高，一会儿哭一会儿笑，发神经，严重影响友军的睡眠质量），暂时休战逐渐睡去，结论是：看大伙儿第二天清晨的状态再决定。

凌晨四点，喇叭准时放出了汪峰同学那首《怒放的生命》。在茫茫戈壁上，这首歌显得那么应景又那么刺耳，我们都觉得用汪峰同学的歌曲作闹铃是在扼杀他在大家心目中慈眉善目的形象。大家都把怒火撒到了汪峰同学身上，想想实在搞笑。

起床，收拾，队长说出了奠定基调的结论："今天我一定坚持到底，大家加油！"

政委老陈微微一笑："队长走的话，我们一定跟随领导的步伐。领导走到哪儿，我就走到哪儿……跟着领导走准没错！"

老戴无奈苦笑，大家捧腹。

五点钟，准时出发。凌晨的戈壁没有一点微光，每个队员头上都戴了一顶探照灯，照亮前进的路。我们是第六队出场，按照昨晚部署，我作为先头部队向前突围，前十公里被定义为"禁言区"，也就是说所有队员不允许使用对讲机，不允许互相交流，只能自己独立行走。

首先打破昨晚战略部署的是政委老陈，原本被分配在老弱病残组的他，居然一马当先走到了我的前面，速度快得惊人，让我着实感动。

团队成员默默地行走，不知不觉已经走到了整体第三的位置。经过一条美丽的大路时，休整的队员们开始拍照，我没有选择停留，而是继续向前奔走，一个人，没有 GPS，只沿着前方队员的脚印，听着自己的脚步声，一步一步向前跋涉。我似乎找到了自己的频率，找到了征服自己内心脆弱情绪的勇气，留给我的是目标的坚定，那就是做好九阳队的先锋，争取看到三体队。

经过了第一天的 31 公里戈壁挑战，加之仅有的三个小时睡眠，而且我和天一扛起了分别代表本组负重六斤的担子，一路上十分艰辛，十分痛苦。

但这一次我深刻地感受到，人的精神和意识对于身体的掌控和指引，能量居然如此之大。一路上，一个人，茫茫戈壁，我放声和自己分饰两角，自言自语，不断问自己这样或那样的问题，然后再由自己清晰地回答。那么真诚，那么认真，把"神经队"

发神经的本质发挥得淋漓尽致。

坚持的魅力本身就是巨大的，在到达补给站时，我已经先于第二队先锋到达，居然看到了一骑绝尘的三体队员。他们已经快完成补给，整装待发。而这时我瘫累如泥，全身伤痛。

看到三体队熟悉的四期营员，好多都是去年一起戈壁同行的队友，让我惊诧地发现其中居然有好多都是去年中途退赛的弱者。为什么经历了一年，这些人成立了三体这样一支队，再度征战戈壁，却又取得如此绝对的领先地位呢？

也许，创业者的魅力就是这样，哪里跌倒，哪里爬起，不服输，不服气，就是要打破自己内心的恐惧和边界。我想，这就是四期营员这次组建三体队超越自己、夺得冠军的信念吧！

"哎，悦悦姐，你们三体还不出发啊！小心我先出发，超过你们！"我上气不接下气，和三体队的悦悦姐打趣。

悦悦姐咧开嘴，没说话，直接跑过来用行为蔑视了我——她居然用膝盖狠狠顶了一下我坐着的腰，一阵生疼啊。

我没服输，接着说："你们快走哈，让你们三公里！"

悦悦姐面对我的挑衅受不了了，和三体队队员们说："老孙说让咱们三公里！你们说他做不到怎么办？"

三体队队员没有理睬这个无聊的赌注。

一旁的斌哥发言了，帮腔说："你们三体快点啊，我也让你们三公里。"

悦悦姐说："刘斌你就算了吧，腰不好，就赶紧退赛吧，给你个台阶下。老孙你要不要一个台阶下啊？"

我说："台阶？我要啊，刚才说让你们三公里，现在让你们3.1公里！"

悦悦姐气疯了："老孙，你等着，你看我要是在终点看不到你的话怎么收拾你！"

"好，等会儿见！"吹完牛，说实话我的内心是崩溃的。这时天一已经追上来了，跟我说："老孙，你加油，超越他们！"

我小声说："我不行了，肯定搞不定。"

三体队随后迅速离开补给站，消失在茫茫戈壁深处。

我紧张而焦虑地踌躇着，目光注视着远方起伏的山丘。按照规则，我必须等到九阳队全体队员到位才可以出发。一番焦急等待后，我终于看到了步履蹒跚的全体队友，大家都坚持着到达了补给站。

这时，另外几个队也同时到达补给站。我想如果这个时候再不出发，就没有机会了，和悦悦姐的赌注将变成一个永远的笑话，会换回她又一顿无情的袭击。

我要出发了！背着包，挂着拐杖，朝脚印方向走去。

"斌哥，等下我，我和你们一起。"

还好，在一个人前行的路上，善友教授、曾社长和斌哥等了我，带着我一同向前，速度快到飞奔。我紧跟步伐，十分痛苦。

善友教授和曾社长都是老戈友，速度飞快，坚定前行，让我好生羡慕。在他们的带领下，我如有神助，渐渐找到了自己的高频速率，我的信念是："只要不掉队，就一直坚持！"

奇迹发生了，当我和善友教授一行人翻过一座高高的山丘，前方500米的盐碱地里居然出现了队形有些许凌乱的三体队。

我顿时能量爆发，看到了从不可能到可能的希望，那是一种前所未有的奇妙感受，一种坚守之后重获希望的兴奋。

我大声说："教授，我们一起超越三体！"

教授说："三体其实并不强，只不过他们有明确的行动目标和信念，单从技术来说，我们可以超越他们。"

加快步伐，慢慢靠近，100米、50米、1米。当我超越三体队最后一名队员的时候，我看到了他艰难向前的表情和行动乏力的状态。

你看，这也许就是我们之前对神秘大公司的解读，当你觉得一个队伍、一个大公司已经近乎神话的时候，你自己首先丧失了奋斗和超越的勇气。你觉得自己不行，你觉得自己不可能，所以你根本没有把他们定为你可接近、甚至是超越的目标。

但当你有机会深入察看，你会看到这些神话是你自己给出的结论，其实每个神话内部都有短板和自身遭遇的问题，关键是你是否有勇气去打破、去质疑，甚至与之抗衡。

这是一场无关体力、无关技能的战争，更是一场绝对的信念和目标之战！

就这样，在最后两公里处，我超越了三体队大部分队员，记得当我超越悦悦姐的那一刻，她半张着嘴，似乎要和我表达些什么，却又安静地收了回去，只若有所思地和我说了一句："加油！"

我们相互击掌，擦肩而过。

没有赌注输赢的快感，只有一路同行的惺惺相惜。

看到去年和我一同放弃的伟庆大哥，今年在最后时候步履蹒跚地迈向终点，我内心升起了崇敬之情。当我看到去年因为受伤、第三天没能走完全程的"兔狗家装"创始人老贾回去后辟谷瘦身14斤，运动健身了一整年，只为今年再战戈壁并领跑全队时，我感受到了中国创业者的斗志和志气。

距离最后终点500米，我前方还剩下两名三体队的队员。我激动地拿起对讲机："老孙呼叫九阳神经队队员，我前方50米处还有最后两名三体队员，我距离终点 500 米，是否要超越，请指示！"

话音刚落，我们队、其他队好多人都在喊："老孙，超越三体！冲啊！"

"好！我冲！"

在最后时刻，我抱起登山杖，迈开僵硬的双腿，向前飞奔，终于超越了三体，在最后的山坡和教授、斌哥会合。最后冲线的刹那，教授让我和两名三体的队员——"墨迹天气"的创始人金犁和老贾，三人紧握大旗，一同代表全营撞线。

一次旷世挣扎的戈壁自我挑战之旅结束了。

坐在距离终点 300 米的山头，我和老陈一同等待九阳队的到来。一声声鼓励，一声声坚定的回应，当天一同学高举队旗用力挥舞在山头，当队长拖着伤腿跨越过山谷，当清水姐姐在熊同学的搀扶下走向终点，九阳队，我们相拥击掌，携起手，一起坚定地迈向终点站！

也许，这仅仅是一场游戏；也许，这就是一场真实的创业之路；也许，这更是一场检验创业者心智的考试；也许，这就是创业人生的全部缩影。

人生如戏，重要的不是乖乖接受上天给我们写好的既有剧本，重要的是每个人如何通过自己的努力和创造，更好地演绎自

2017年，老孙带领俺来高管团队前往戈壁，重走玄奘之路 —— "戈壁天空，创出所有不可能"。

己的丰富人生。

　　坚持自己坚持的，和同行人，在戈壁、在创业战场、在人生旅途，踏出你的英雄气，傻傻地走下去！

第十八章

硅谷时代

关于创业的五个关键词

这次俺来也青创营近十天的美国硅谷行程，赶在和重要的俺来也 3.0 版本上线同期举行。

我内心忐忑，捧着手机登上了远行的航班。

两年前，还没有开启俺来也这个事业的时候，我和夫人度假来过美国加州，充分领略了加州的阳光。还记得那会儿正值我的事业彷徨期，开心茄子和笑得商贸两家新公司都没能找到很好的商业模式。那次的硅谷之行，我是带着一种沉重的思想负担和包袱上路的。那次，我以一名纯游客的身份在 Google 的办公区悠闲地骑着自行车，傻傻地自拍，临走前还抛下一句"还不如浦东张江高科好"的结论。

那次回国后一个月，我们便开启了俺来也项目，之后便一发不可收拾，我们毫无保留，舍命狂奔！直到两年后的今天，我和团队又一次登上了这片创业圣地。

这次硅谷之行十分精彩，值得永久纪念。我相信这也是我们与世界连接、放眼全球的第一步。在临别前的晚宴上，我和全体营员们分享了自己此行的一些心得，总结下来就是五个词：学习、梦想、团队、雄心、真诚。

1. 学习

硅谷第一站，我们来到了伟大的苹果公司。在肃穆的办公大厅中，你看到左右两面墙上分别悬挂着乔布斯年轻刚创业时和临终前的两张经典照片。在凝视他的照片时，耳旁一直回响的都是他那句经典名言："Stay foolish，stay hungry！"

是的，人生就是一个学无止境的旅程，不但个人要学习，要不断突破自己的认知边界和狭隘的本位主义，一个团队、一个组织、一个民族和一个国家，也更应该增加有效学习和营造全民学习氛围。

学习让人谦虚，学习让人智慧，学习让人充满新的渴望，学习让人灵魂再生。

不断地学习，是每个奋斗的创业者都不能遗忘的必修课题。

2. 梦想

硅谷的创业传奇，一个一个震撼和感动着我的内心。无论是Google 的科技帝国，还是同龄人小扎创立的 Facebook，当我置身其中时，总感到距离他们的伟大是如此之近，却又如此遥远。

梦想是什么？梦想是超凡脱俗的人生追求，是助力别人的公益心和改变世界的使命感，更是一股老天和你内心深处碰撞产生的神秘能量！

梦想是那么渺小，却又那么珍贵，让你此生与众不同，让你活得那么绚烂！

创业者，以创造为快乐，为梦想而拼搏，为更多的人获得幸福生活而奋斗，意义岂止于赚钱那么简单？

3. 团队

这次在硅谷的全英文演讲，与会者和团队都给予我较高的评价，而我知道，这背后是团队对我的辛劳付出和真心帮助。

Claudia 的耐心教导和不断给我做强化练习，让我有了不错的发挥，最重要的是，她帮助我突破了心理上的恐惧和障碍。我十分感激她，当然还有 CC 和其他同事给我的支持和鼓励。

这个世界已经不是个人英雄主义的时代，而是一个合伙人时

苹果公司，肃穆的办公大厅中悬挂着乔布斯年轻刚创业时和临终前的两张经典照片。

2016 年 8 月，俺来也青创营美国站老孙参观 Google 留影。

代，一个团队作战、城邦作战的时代！

一个组织的领导者，第一要义是要创建一个有同样价值观和梦想的队伍，追随你，和你一起携手奋斗！

"Trust you, believe in you！"你需要看到团队向你会心一笑的那种欣慰和认可，同样，团队也需要看到他们取得进步时，你有力的握手和郑重的点头！

2016 年 8 月，俺来也青创营美国站老孙硅谷首次全英文演讲，介绍俺来也商业模式。

4. 雄心

雄心，往小里说就是"骨气"，一个人做人做事的原则和气节。一个公司，一个组织，是要从领头人到各级管理者再到全体员工，都要有这颗"雄心"作为坚实支撑的！

看到所谓"巨头神话"，不要盲从，不要望而兴叹，而要用怀疑的态度和严谨的学习状态去感受、去研究。"不想当将军的士兵不是好士兵，没有雄心的创业者不是好老板。"随着科技的

2016 年 8 月，俺来也青创营美国站，老孙带领团队游学伯克利大学、斯坦福大学。

发展，"国家"这个概念会越来越淡化，"地球村""世界公民"的意识将越来越强烈。

如何把地理隔离带来的商业壁垒转变为全球一体化的综合竞争力，变得格外重要！

看似一场商业角逐，一个企业秀场，实则关乎民族和国家甚至人类的未来。一个充满雄心的团队，是令人景仰和敬畏的，充满历史感地向前狂奔，拥有捅破天的气势，才是吾辈应该追逐的灿烂人生啊！

5. 真诚

对待自己要真诚，对待他人要真诚，对待这个世界更要真诚！

如果说通往梦想的道路一路坎坷，所有的努力和奋斗会让你度过那西天取经道路的前八十难，而真诚则将是你最后能否取得真经的制胜品质。

胸怀天下，品质做人。怀着真诚的深层基因，一定会披荆斩棘，把九九八十一难踩在脚下，胜利傲人，呐喊八方！

飞机落地浦东的刹那，我的心头突然掠过一丝怀念，也许是硅谷的创业精神带给我一种久违的亲切感，一种与老友分别的心酸和惆怅。

我们出生在最好的时代，一个敢梦、敢闯、敢拼的时代，一个可以与世界连接、追逐梦想的时代。硅谷，一个人类创业史上的精神宝藏。

这一次，它将载着我们来自东方的创业梦想家，驶向成就和助推人类发展的伟大新世界！

第十九章

相信"相信"的力量

老孙在 2015 年"俺来也"青创营的演讲

大家好，我是"俺来也"的创始人，老孙。

我很感谢曾经努力的自己，也感谢曾经陪伴过我们的团队成员，才有了我们今天不断实现梦想的过程。

我今天的演讲题目是：相信"相信"的力量。

在演讲之前，先来说一个小故事：三天前，有八位实习生来公司实习，有一天我们进行了一个多小时的沟通交流，其中有两个小朋友是 1995 年、1996 年的，我就问他们："看到 1985 年的老孙，你觉得是叫哥哥好，还是叔叔好？"他们不假思索地说："真的该叫你叔叔了！"

所以我的分享前言是，因为年轻。

因为年轻，我们有梦想，创造奇迹，让人感动，让人羡慕嫉妒恨。确实，我之前还在客户面前装老，但做了移动互联网公司，就希望自己是90后，因为不知不觉就老了，时间过得太快了。毕竟年轻意味着梦想和冲动，实际上，很多年轻人在影响世界，创造着无数的不可能。

我们回顾一下这些年轻人。

一个非常神圣的夜晚，一个年轻人创造梦想的夜晚，他就是飞人刘翔。我记得当天晚上非常疯狂，诞生了两个相似的奇迹：一个是刘翔，黄种人当上了世界飞人，拿了奥运会冠军。一个是中国女排，在0比2落后俄罗斯的情况下，以3比2反超俄罗斯，拿了冠军。

我想，这样一个年轻人，可以打破诅咒成为世界飞人，那我作为一个年轻人，为什么不能好好闯荡一番上海滩呢？

这是我今天的第一个主题，因为年轻。

我们始终相信，青年群体会影响有品质的生活消费方式和娱乐潮流，这也是我们今天相聚于此的理由。

很多人问我，你做了十年校园，你不觉得烦吗？外面有那么多金山银山，不想去挖吗？但我越做校园越发现，我的根就在这儿，我越做校园越发现，我并不只是聚焦校园，我是聚焦青年——因为青年是一个19—22岁的年轻群体，他们一定会影响未来社会的潮流。

我们说到第二个话题：不优秀，不创业。

有很多人问，如何看待学业与创业的平衡？其实这是个伪命题，如果一个大学生连自己学业都不能很好地完成的话，他如何能创业成功呢？

当然，在创业过程中你也要用心去学习，因为未来的创业，有太多的未知需要我们的自学能力。

记得上学的时候，我们上过一堂课，就是项目管理。在期末考试前一天，教授把我叫去办公室，让我就自己的创业经历，以传播化传媒项目管理出一道论述题，并和我要了论述题的答案。后来同学们一片哗然，直到现在，华理都还在用那一套题。

有些人会说：因为工作没有自由，我们老板不懂我，所以我想创业。其实这也是个伪命题，如果连工作都做不好，如何去创业呢？所以我的理解是，创业是一个优秀者的游戏，未来移动互联网时代，机会主义式的创业不存在了。未来的创业，一定是比知识、体能、技术，其实就是比优秀的程度。

因为创业是优中选优的竞技场，所以大家未来的努力方向，就是追求卓越。

我们看到，美国华尔街那些商业巨头，他们掌握着全球的经济命脉，但是他们每年都聚在一起，组织十项全能体验，从22岁到花甲年龄都在竞技场上比拼。当然这发生在美国。而当我

2015 年 8 月 8 日，俺来也青创营在老孙的母校华东理工大学举办，
老孙发表关于《相信"相信"的力量》的演讲。

被抛在茫茫戈壁滩与大家一起行走了近百公里的时候，你会发现走在前面的并不是体力最好的人，而是最坚毅的人。

这也让我感受到，创业是优中选优的过程。

那如何成为一个优秀的人呢？创业，首先从树立伟大的愿景开始，很多成功的企业家创业之初都有一个伟大的愿景。十年前我创业的时候，我坚信我要打造中国最大的高校传媒机构。

建议大家去搜一下网上一个视频，外国高管描述马云的。马云的愿景是让天下没有难做的生意，这样一个愿景让他的公司成为全球最大的电子商务公司。

腾讯的愿景则是做最受尊敬的互联网企业，所以当前腾讯的市值已经达到了2000多亿美金。

微软的愿景是让全世界的人们和企业发挥最大的潜能。

苹果的愿景是主导每一个家庭的每一块屏幕。

扎克伯格的愿景是希望链接每个个体，链接整个世界，创建一个新的平台。

正是这些伟大的愿景，这些企业带着自己的信念一步一步走向成功。所以大家不妨扪心自问一下：你们想要创立企业，你们的愿景是什么？

"愿景是什么？"看似遥不可及，但听起来很兴奋，让自己也让别人很兴奋，这是有些可笑但深植于你内心的东西。即使最初只有你一个人相信，但最后会有越来越多的人相信的，大家汇聚起来共同做成这件事情。

所以，愿景非常重要。

树立了愿景之后，要怎么做呢?

梦想有了，心态不好也是不行的，在创业前期，心态非常重要。

1.肯定性性格的人适合创业。肯定性性格简单说就是乐观主义，看一个事物更多的是看到正面。因为创业太艰难了，需要创业的人有野心，超级自恋，才能抵抗住所有打击。

2.在创业初期，别想着创业，不提创业，提做事。不要给自己戴上创业这个大帽子，会带来很大的压力，还可能会带来很惨淡的失败。可以胸怀很远大的目标，但一定要脚踏实地把事做好。

3.有些人说创业是为了自由，可创业其实是自己管理自己，自己苛求自己，自己突破自己。问你自己一个问题：别人管你容易，还是自己管自己容易? 创业，完全是自己管理自己，没有一分一秒你是自由的，内心与思想无时无刻不沉浸在事业中。

4. 很多人在创业时考虑要赚很多钱，实际上不要先考虑赚多少钱，而是考虑能赔多少钱。这种思路很重要，不然心态肯定会有问题。

5. 创业就是创业，创业没有大学生和社会人之说，市场残酷，一视同仁。我上学时创业还是非主流，2007 年政府推动以大学生创业带动就业，到今天我们看到教育部鼓励大学生休学创业。其实大学生创业和社会人创业没有区别，大学生创业反而更艰难。所以尽量把"大学生"和"创业"两个词分开来——创业，就是我创业了。

在这么艰难的情况下，为啥大家都想创业？我再分享一个主题：那些不需要你再去走的创业弯路。

首先，创业之初要选择一个自己感兴趣、能力可及、围绕小众痛点、能养活自己的项目，从 0 到 1 十分难，却十分重要，大而全往往无功而返。真正的创业都是从一个很微不足道的点去攻克，每一个牛掰的伟大，都来自微不足道的开端。

Facebook 的创业起源，是因为扎克伯格失恋做了一个小软件，所以很多创业动机都不一定是高大上的。

就团队构建来说，其实创业团队就是同学帮，有几点需要注意：

1.关于团队建设，需要彼此信任。比如说我们"俺来也"创业团队，我和沙僧、八戒之间非常信任，影响了整个团队气氛。找到互相非常信任的团队，这是基础。

2.人品是根。通过平时的生活细节、待人处事去观察你的合作伙伴真实的一面，去找人最底层的基因——人品。

3.优势互补性，团队是共同前进而不是拖拽。当你作为领导者，你发现你在拖拽团队，说明这个事情空间太小了。

4.遇到对的人。但往往遇到对的人，会让他伤心，因为我总认为自己会遇到更好的。

5.整个创始人团队要培养一个谦虚谨慎、务实、善良的氛围，建立一个学习型的团队。稻穗沉甸甸的，头才会低下去。你没有能力，要低调，你有能力，要更低调。

6.年轻人，因为年轻，不能只用钱去吸引他们，要靠事业梦想、思想和文化去吸引人。用梦想，而不是钱、年龄和资历，才是现在吸引人才的方式。

关于公司利益分配、股权设置的问题：

创业者要绝对控股 55% 以上，这是为了企业基因从一开始就有个很好的保证，明确企业核心领头人。企业需要明确领头人，需要一个定海神针式的人。

有几种股权分配的比例。第一种就是 50 比 50，这其实是灾难型的公司。还有一种 51 比 49，就如新浪网的例子，以及创业教父乔布斯最后被董事局踢出局。我们可以通过投票权转移的方式让控制权回到自己身上，就如阿里巴巴，其他控股人只有收益权，没有投票权。所以现在企业凡是市值很大的，都有一个领军人物。凡是领军人物模棱两可的，多是被收购、交易的企业。

冯仑的《野蛮生长》里有一段话，创业者的钱有三种：

1. 自己兜里的钱；

2. 自己朋友和亲戚兜里可供你支配的钱；

3. 金融杠杆的钱：P2P 小额贷款等。

债权融资是成本最低的融资方式，因为你只要为融资付出利息。因为股权十分珍贵，因为创业者爱自己的公司，而不是爱钱。每一个人在涉及金融这块的时候，都容易走入一个误区，就是在比融资的速度和规模，这是不科学的。如果以上三个资金来源都不够用了，要找投资基金，要找到真"天使"。社会上真的有一批创业者成立的天使基金，他们创立的基金都特别靠谱。

另外，早期不要太在乎公司估值。

首次融资找对人很重要，股权第一次融资不可出让超过 20%。

创业经验方面的一些分享：

每一次都必须准备 A、B 甚至 C 方案，每个应急方案要有足够的把握争取成功，但同时要有最坏的心理准备。

创始人一定要深入业务一线，一定要和用户、客户在一起，多倾听客户的声音。每天早上八点刘强东都坚持与客户开会，把公司经营遇到的问题拿出来谈。

工资一定要按时发，这是底线。连接企业与员工之间的信任纽带就是工资，创业就要付出代价，连工资都发不起就创不了业，这是创始人的底线。

关注现金流：现金流是血液，血液断了，企业秒死。好的企业看的并不是资产负债表，是现金流量表。为什么京东商城资产负债上十亿，可市值还是 400 多亿美元呢？因为现金流运营能力非常强，同样道理也可以解释国美为什么是首富。

创业者和领导力：

创业者要包容、大气、敢于担当，有很多问题是创业者的心态问题。回顾自己的创业史，我发现其实自己有很多责任，以前我推到员工身上，可实际上错误的根源并不只是来自他们，而在于我的包容心不够，见识不够。另外不要妄图走捷径、不要妄图占便宜，风水轮流转，几年一个轮回，谁都碰得到。

对于创始人，还有一句话：敢想敢做。斯坦福大学学生活动中心放着这么一句话：The only way to do it is to do it（想到就

2016 年 8 月，俺来也青创营美国站，老孙带领团队来到斯坦福大学游学。

去做吧！）。

同时，创业经常遇到困难，这时候找到一个真心为你着想的创业导师至关重要，要找到自己对标的导师，学习他，超越他。创业导师的人生阅历和层次会影响你很多方面。

创业者是一群最真实的人，坚持战斗到最后一刻就会有转机。往往熬不下去的时候，就是你该向前迈一步的时候。迈过这一步，往往柳暗花明。把实在不能绕过去的坎儿交给时间，有些困难随着时间的流逝会迎刃而解。

另外，我想和大家分享一下对未来的思考——终点并不伟大，创想未来才比较伟大。

1.我认为未来单一、不产生创新贡献的体力劳动将被机器和共享经济代替。（例如：全职快递员会消失，司机这个职业未来也可能会消失。）

2.中介化属性的商业模式和形态将会消失。

3.零毛利时代，靠商品本身利润差价模式赚钱已经不太可能，比如小米手机零利润定价，手机只是联结用户的渠道和媒介，米兔等衍生品产生的利润远大于手机产生的利润。

4.线上交易，线下集聚，分享和交流。

5.挖掘产品背后的附加属性、情感属性，如粉丝经济、社群经济，未来买东西并不完全是为了产品本身，而是粉丝经济所主导。

6. 人们对情感、文化的诉求将达到新高。

7. 个性化会更加凸显，去品牌化会出现。实习生和我分享过这个概念，80后的特点，一个字"新"，想创新但略保守，不想和70后玩。90后的特点就是"野"，我不喜欢你就是不喜欢你，人格标签化，爱恨分明。

8. 对于"美"的标准会大大提高，近乎苛刻。因为我们国家真的有太长时间不美了，美国的户外广告都是给风景加分的，但中国的不是。所以从现在这个时代开始，对美的要求会越来越高。

9. D2C（design to customer），创意设计将成为生产力。移动互联网是解放人性的，创意设计就是用心让人觉得好。

10. 物理隔离逐渐被社群隔离所替代，物理隔离的格局被移动互联网打破了。

11. 自学习性组织越来越多，教育去边界化。

12. 信用的价值属性越发凸显，信用比金钱更具价值。

13. 人工智能负责解决：力量＋重复＋位移。人负责解决：情感＋社交＋创意＋美＋创新＋内容，"没有功劳，还有苦劳"这件事不再存在，苦劳将由科技解决。

14. 每个人都是商业圈的参与者和生产者。

15. 未来将是现象级商业模式，人在哪儿，服务就在哪儿。

16. 未来组织边界化会逐渐消失，职业的概念也会渐渐淡化。

除了创业之外，我再和大家说一点寄语，我对未来的预测是，中国即将进入一个懂美的时代，给大学生创业者提供几个关键词：

1. 礼仪和文化。这是人才核心的底层，一定要用美的心态去创业。

2. 阳光仪表。外在形象要让人感觉舒心和开心。

3. 演讲能力。我作为大学生和其他名校学生交流时发现，台湾地区的学生演讲与我们有很大差异。我们说话一板一眼，台湾学生会以故事为导线，美国青年则注重"I have a dream"式的影响力演讲方式，他们把演讲当成商业运营的一部分，认为演讲是十分重要的技能。

4. 写作能力。越是这样的快时代，文字越会凸显价值。建议大家要注意培养自己的写作能力，文字可以记录下一瞬间复杂的内心感受，还原当时的场景，若干年后再去品读这些文字，更能从中得到感动和回忆。

5.道德底线。 无论以后做到多强，都要有道德底线。 真正的道德底线，是需要一个人不断提升修为的。

6.社会责任感。 一个回馈社会的人，才是能做大做强的人。

最后我想说，创业是少数做的事，但创业精神是具有普世价值的。 如果大家把创业精神深植到自己心里，在青年时代有这样的意识，那么无论未来走向什么岗位，都能比别人更有突破。

另外，创业即生活，与其说敢与不敢，不如说想与不想。 如果选择了创业，就不要轻易放弃。

丘吉尔说：Never，never give up！

老孙说：永远不要齐嵩每一次的努力。 每一次努力的回报，都会接踵而至。 最后，相信"相信"的力量。

后记

POSTSCRIPT

和中国青年出版社的李老师通电话，她对我这本书的内容表示肯定，最后提到："绍瑞，你写一个后记吧。"

我就凭借我对于后记的理解，写两个方面：感谢的人，给自己的话。

出书这件事对于我来说原本遥不可及，这一次真正让我对出书这件事认真起来并付诸行动的，推动人就是行动派的创始人：琦琦。

我和琦琦是混沌大学独角兽创业营的同学，她是一名女性创业者，知性、可爱又善解人意，在她娇小的身躯里蕴藏着一股强大的力量。她的话语平稳、细腻、柔和，逻辑思维却十分严谨，内容丰实，让人很有收获。

琦琦很认真、诚恳地向我建议，让我把多年的创业经历写出来，记录下来，出一本书。她坚定的眼神和逐层递进的理性思维，让我认真思考出书这件事情。

人都是这样，想要表达，却因为害羞和胆怯错过了很多机会，最后却以"不可能""不现实""别瞎想了"等自我打击把可能扼杀在萌芽里。

本书得以出版，首先要感谢的就是琦琦，感谢她的力挺和鼓励，感谢她介绍中国青年出版社的李老师，让这件看似缥缈虚无的事，距离现实是那么的近。

既然提到李老师，那就马上跟进介绍一下。

李凌老师是中国青年出版社的资深出版人，也是我这本书的责任编辑。我这本书从立项，到后来梳理大纲、撰写、成文，再到出版等方方面面的工作，都是李凌老师在统筹协调，十分感谢她的辛苦付出。

和李凌老师的初次见面，是在北京中关村创业大街的言几又书店，我们点了两杯咖啡，在初春阳光明媚的下午，畅聊了我的创业故事。不知为何，坐在李凌老师对面，我就仿佛找到了一个十分值得信任又知性的知识型倾听者。那天我讲了好多，思绪也像过电影一般一幕幕往事再现。李凌老师在倾听的过程中不断启发我，抓到关键点时就让我谈得再深入一些。交流期间，甚至现在想来，我表达得都是如此爽朗畅快。基本上经过几个小时的见面，本书的大纲就出来了，我们都很兴奋。

可以说这本书的成型，要感谢李凌老师付出的心血和给我的鼓励。

另外，由于我工作十分繁忙，本书的些许段落和章节由我的同事户雪梅根据我的讲述编辑整理成文。她是编辑出身，文笔亲切洒脱，非常能捕捉到我对一个事物的细微认知。同时，她

后记

通过互联网等渠道，全面查找了我历年的媒体报道和演讲实录，对于本书的内容编辑付出了极大的努力，让我十分感动。感谢她的付出。

还要感谢我的同事 Iris 和助理小尹，在本书的配图和结构编辑上给予全面的支持，使得本书的内容更加生动，有历史感。同时还要感谢我的"师傅"、梵谋文化传媒首席顾问陈新华老师，感谢他多年来在我创业路上和生活中给予的真心帮助。

当然，一切的一切还是离不开家人对我的关怀、理解和包容，使我在创业路上一门心思朝前奔，没有来自家庭的压力和后顾之忧。感谢在我创业路上一直给我坚定支持的父亲，感谢从小教育和指引我、一直惦念我的母亲，感谢帮我撑起全部家庭生活的另一半——我的夫人周蕊，感激岳父岳母的信任和理解，还有我可爱、坚强、聪颖、独立的儿子顺仔。感谢整个家族和家乡大庆油田的长辈们带给我的巨大精神和物质后盾，我为成为这样有爱的家庭成员感到庆幸和幸福！

最后还要感谢所有书中提到的人和事，不管大家在书中出现时扮演的是什么角色，或好或坏，我都希望大家不要再度惦念。感谢你们曾经出现在我的生命里，赋予我的人生绚丽的色彩，感谢所有人对创业者的理解，对我及团队的鞭策、历练、支持和提点。谢谢大家！

这本书的撰写前后花了整整一年的时间，回忆了我从大学创业一路走来的青葱岁月，这是我的真实创业故事，也浓缩了一代80后年轻人在上海创业奋斗的经历和青春年华。

由于文章书写时的时效性，在后期编辑整理的时候，我自己都发现半年前写的文章放在今日，自己对其又有不同的解读，心里想是不是还要改一改？后来转念一想，在移动互联网信息大潮汹涌而来的今天，最珍贵的难道不就是这种短暂的历史感，和停留的刹那间的期待吗？

历史就是这样，哪怕描述过往经历的就是你本人，无论你当时身处的场景、感受如何，现如今你都会如同置身事外，轻松淡然地审视那个曾经的你，而又困惑于当下的现实处境。而时间的水流，又会将当下的困惑糅进历史的卷宗，供未来赏阅。

既然如此，我们的每一个当下，就是用自己的真实人生书写剧本的情节。活在当下，做好自己，尽到力，不留有遗憾，给未来的自己留下浓墨重彩的故事源泉，这种经历感、参与感、事件感和戏剧感，会不会让我们更加珍视当下的此时此刻呢？

"我思，故我在"，这是一个哲学问题。走在商海创业的路上，也许直到今天我仍保持着那份初心、那份纯净，我想这是最值得我珍惜的地方。面对物质和虚荣的诱惑，面对成功的渴望和

后记

追逐，可否保留一份内心的恬静和青春的气息，是我无论未来走向何方，都要恪守保护的，那是我内心的一片静谧水域。

　　这本书，记录了我从 20 岁到 30 岁的创业经历，帮我从记忆深处翻出很多精彩、痛心、欢乐、激动、紧张或骄傲、自豪的往事，书写完毕，一则纪念，一则勉励。

这本书的出炉，让我仿佛卸掉了一个异常沉重的包袱，里面包裹着不容忘记的岁月和复杂的感情。

从此，我便一身轻松，用书纪念过去，而自己则洒脱地踏向未来！

未来的世界波澜广阔，我的步伐坚定豪迈。坚持我所坚持的，相信我所相信的，生命不息，战斗不止。海上波涛澎湃，心空仍旧蔚蓝……

2016 年 12 月 10 日

写于武汉飞往云南丽江的航班上

后记

（京）新登字 083 号

图书在版编目 (CIP) 数据

在最好的年华做最酷的事 / 孙绍瑞著 .—北京：中国青年出版社，
2017.4

ISBN 978-7-5153-4732-5

I. ①在… II. ①孙… III. ①散文集 – 中国 – 当代 IV. ① I267

中国版本图书馆 CIP 数据核字（2017）第 082157 号

在最好的年华做最酷的事

孙绍瑞 著

责任编辑：李 凌 段 琼
装帧设计：今亮后声 HOPESOUND pankouyugu@163.com
出版发行：中国青年出版社
社 址：北京东四十二条 21 号
网 址：www.cyp.com.cn
编辑中心：010-57350520
营销中心：010-57350370
印 装：北京方嘉彩色印刷有限责任公司
经 销：新华书店
规 格：880 mm×1230 mm 1/32
印 张：9.75
字 数：150 千
版 次：2017 年 7 月北京第 1 版
印 次：2017 年 7 月北京第 1 次印刷
定 价：45.00 元

如有印装质量问题，请凭购书发票与质检部联系调换 联系电话：010-57350337